○全民阅读·经典小丛书○

孙子兵法

[春秋]孙武◎著
冯慧娟◎编

吉林出版集团股份有限公司

图书在版编目（CIP）数据

孙子兵法 /（春秋）孙武著；冯慧娟编. — 长春：吉林出版集团股份有限公司，2015.6（2025.5重印）
（全民阅读. 经典小丛书）
ISBN 978-7-5534-7605-6

Ⅰ. ①孙… Ⅱ. ①孙… ②冯… Ⅲ. ①兵法－中国－春秋时代－通俗读物 Ⅳ. ①E892.25-49

中国版本图书馆 CIP 数据核字 (2015) 第 119968 号

SUNZI BINGFA
孙子兵法　［春秋］孙武　著　冯慧娟　编

出版策划：崔文辉
选题策划：冯子龙
责任编辑：姜婷婷
排　　版：新华智品
出　　版：吉林出版集团股份有限公司
（长春市福祉大路 5788 号，邮政编码：130118）
发　　行：吉林出版集团译文图书经营有限公司
（http://shop34896900.taobao.com）
电　　话：总编办 0431-81629909　　营销部 0431-81629880 / 81629881
印　　刷：北京一鑫印务有限责任公司
开　　本：640mm × 940mm 1/16
印　　张：10
字　　数：130 千字
版　　次：2015 年 7 月第 1 版
印　　次：2025 年 5 月第 6 次印刷
书　　号：ISBN 978-7-5534-7605-6
定　　价：45.00 元

印装错误请与承印厂联系　电话：010-61424266

前言

春秋时期军事家孙武撰写的《孙子兵法》总计5900余字，分13篇，其内容博大精深，思想精邃富赡，逻辑缜密严谨，是中国古典军事文化遗产中的璀璨瑰宝，也是世界上现存的最古老的军事理论著作。

该书自问世以来，对中国古代军事理论的发展产生了巨大的影响，因此被人们尊奉为"兵经""百世谈兵之祖"。它以"知彼知己，百战不殆"思想为基础，系统地论述了作战方针、作战形式、作战指导原则等，展现了我国古代军事谋略学的精髓。历代兵学家、军事家无不从中汲取养料，用于指导战争实践和发展军事理论。三国时著名军事家曹操第一个为其作注，为后人研究、运用《孙子兵法》开启了便捷之门。

《孙子兵法》不仅是中国的文化瑰宝，在世界上也享有盛名。公元8世纪时，该书传入日本，18世纪时又传入欧洲，至今已被翻译成29种文字，在世界上广为流传。

目录

计篇

【本经】

孙子曰：兵者，国之大事，死生之地，存亡之道，不可不察也。

【译文】

孙子说：军事，是国家的头等大事，关系到军民的生死和国家的存亡，不能不深入考察。

【评析】

孙子在全书开场就提出了战争的重要性，指出战争是残酷而又激烈的，胜者能一举称王，败者则国破家亡。所以，交战双方都想克敌制胜，将对方击败。然而，在实际战争中，战局往往超出人们的预料，因此没有人能成为常胜将军。失败的一方必然要流血牺牲，而胜利的一方也要付出巨大的代价。

战场上的前秦世祖苻坚

383年秋，前秦统治者苻坚为统一全国，率军南下，欲一举灭晋。之前，前秦的众多大臣对伐晋均持反对意见，但苻坚不听他们劝告，一意孤行，亲率九十七万大军伐晋。

东晋派征虏将军谢石和前锋都督谢玄领军拒敌，与前秦军夹淝水对峙。苻坚派降将朱序到晋营劝降。朱序趁机出卖了前秦，将前秦军的虚实透露给谢石，并建议他主动出击。

谢石接受他的建议，决定主动进攻前秦军。谢玄利用秦军急欲作战的心理，遣人用激将法："两军隔淝水布阵，极不利于尽快决战。不知道秦军敢不敢后退几步，使晋军渡过淝水，然后一决胜负？"苻坚看出这是东晋军的诡计，打算趁他们半渡的时候发起进攻，因此将计就计，便下令大军后撤。

当时，前秦军因连日求战而不得，士气十分低落，后撤时又因指挥不当而阵形大乱，再加上朱序在前秦军阵后大喊："秦军败了！秦军败了！"不明就里的前秦兵一听，便争相逃命。东晋军趁机渡河猛攻。前秦军四散逃亡，人马互相践踏，尸横遍野。苻坚为流矢所伤，单枪匹马逃到淮北。淝水之战以东晋全胜、前秦惨败而告终。

草木皆兵

淝水之败，苻坚难辞其咎。《孙子兵法》曰："兵者，国之大事，死生之地，存亡之道，不可不察也。"苻坚刚愎自用，好大喜功，一心只想凭借强大的兵力攻取东晋，统一全国，却没有充分考虑到战争关系到百姓的生死和国家的存亡，在时机不成熟、条件不具备的情况下贸然出战会带来严重的后果。强大的前秦从此走向没落，苻坚本人也在两年后被起兵叛乱的羌族首领姚苌缢死，前秦灭亡，中国北方再度陷入分裂。

【本经】

故经之以五事，校之以计，而索其情：一曰道，二曰天，三曰地，四曰将，五曰法。道者，令民与上同意也，故可以与之死，可以与之生，而不畏危；天者，阴阳、寒暑、时制也；地者，远近、险易、广狭、死生也；将者，智、信、仁、勇、严也；法者，曲制、官道、主用也。凡此五者，将莫不闻。知之者胜，不知者不胜。

【译文】

应该以五个方面的形势为纲，通过比较双方的基本条件，来探索战争胜负的概率：一是“道”，二是“天”，三是“地”，四是“将”，五是“法”。所谓“道”，就是从政治上使民众与君主的思想一致，这样，民众就能与君主同生死共患难，誓死效命，毫无二心；所谓“天”，就是昼夜、阴晴、寒暑、四季节令的更替规律等；所谓“地”，就是指行程的远近，地势的险峻或平易，战地的广狭，是死地还是生地等；所谓“将”，就是看将领们是否具备智慧、威信、仁德、勇敢、严格等五种素质；所谓“法”，就是指部队的组织编制制度、军官的职责范围规定、军需物资的供应管理制度等。以上

不遗余力

五个方面，将领们没有不知道的。只有透彻掌握了的人才能取胜，没有透彻掌握的人则不能取胜。

【评析】

在论述了战争的重要性之后，孙子紧接着提出了在战前必须分析比较的五个基本要素，即“道”“天”“地”“将”“法”，从而使将帅对敌我双方的情况做出客观的评价，以把握双方的实际情况。

“道”，是指君主和臣民之间共有的信念。民众可以为这个国家而战，君主也要为臣民做主，实行一种高明的权术之道，使军民万众一心，共同捍卫国家疆土。

“天”，指的是气候环境、春夏秋冬等的变化。天时是一种不可控的客观因素，对战争的胜负有着直接影响。故将帅出兵前，一定要先观察天象，预测天气，利用天气因素取得先机。

“地”，是一种有形的客观地理环境，可概括为以下四种：远近、险易、广狭及死生。远近，是指作战路途的远近；险易，是指地势的险要与平易；广狭，是指场地的平坦开阔与狭窄程度；死生，是指地形进退的难易程度，是否易于行军，是否易于据守。

“将”，是指将领是否具备智谋、威信、仁德、勇敢、严格等素养。智谋，能够克敌制胜；威信，能够树立军威；仁德，能够赏罚分明；勇敢，能够临危不乱；严格，能够令众人信服。

“法”，是指军队的组织编制制度、军官的职责范围规定和军需供给管理制度等。拥有完善的军队制度、严明的部队纪律，才能令将士万众一心，奋起抗敌。此外，战争的物质补给也是影响战争胜负的重要因素，必须准备充足的军需用品。

纣王与妲己

商朝末期，纣王残忍暴虐、骄奢淫逸。他筷子用象牙的，杯子用玉制的，穿衣要锦衣九重，住房要广厦高台……甚至不惜耗七年之功，大建鹿台，用以享乐，还经常要诸侯进献美女。他宠信美妾妲己，常与之逐狗斗鸡、饮酒作乐。

纣王的种种行径，使国内政治一片昏暗，人民怨声载道。这时，渭水流域的诸侯国周，在首领周文王姬昌的领导下，开始兴起。周文王宅心仁厚，善于用人。他任用姜子牙为丞相，整顿军事，发展经济，积极扩张，大大增强了周部落的实力。

周文王去世后，其子姬发继位，是为周武王。周武王继续实行仁政，在姜子牙的辅佐下积极为灭商做准备。公元前1046年，武王认为时机已到，遂联合众多反商诸侯国伐商，联军很快就打到了离商陪都朝歌（今河南淇县）仅有几十里的牧野（今河南淇县南）。纣王听闻诸侯大军来攻，仓促布防。由于商军主力征讨东夷未归，他只好迅速武装了一批奴隶和战俘，让他们赴战场作战。

二月初五，武王举行了誓师大会，之后下令诸军发起总攻。被迫出征的奴隶和战俘本来就不堪忍受纣王的暴虐，因此纷纷掉转矛头，引导周军杀入朝歌。纣王见大势已去，当晚自焚而死。周军占领朝歌，商朝灭亡。

牧野之战中，周部落能够取胜的原因，可以在《孙子兵法》中找到答案。

首先，孙子认为“道”是战争取胜的重要原因。商纣王暴虐无道，残酷不仁，周文王父子则爱民如子，任人唯贤，这就决定了武王伐纣是顺应民意的战争。百姓与君主同心协力，战争焉有不胜之理？也正因为如此，牧野之战成为我国古代战争史上的一段佳话，被公认为正义之战的典范。

其次，孙子认为将领一定要将道、天、地、将、法五项要素熟记于心，灵活运用。将帅对它理解得越深刻，赢得战争的机会就越大；理解得越浅，赢得战争的机会就越小。牧野之战能够取胜，作为主要统帅的姜子牙功不可没。他不仅具有上述五种素质，还得到了武王的大力支持，因此能够成就功业。

【本经】

故校之以计，而索其情，曰：主孰有道？将孰有能？天地孰得？法令孰行？兵众孰强？士卒孰练？赏罚孰明？吾以此知胜负矣。

【译文】

因而还要通过比较双方的具体条件，来探究战争胜负的概率，这些条件是：哪一方君主施政清明有道？哪一方将领更有才能？哪一方天时、地利占得多？哪一方军中法令执行得好？哪一方兵力更强大？哪一方士兵更训练有素？哪一方奖赏与惩罚更严明？我凭着对这些情况的分析比较，就可知道战争胜负的情形了。

【评析】

紧随五项要素之后，孙子又道出了判断战争胜负的七个基本准则："主孰有道""将孰有能""天地孰得""法令孰行""兵众孰强""士卒孰练""赏罚孰明"。孙子将"主孰有道"摆在了首要位置，也就是说哪方的君主更贤明，哪方更容易取胜，此处与五个基本要素中的第一项——"道"相呼应，再次强调了政治路线与民意相符合对于取得战争胜利的重要性。

历史上的商汤是一位有德的明君，而夏王桀却是一个暴虐的昏君，他们二者构成了鲜明的对比。商汤即位后，采取“宽以待民”的政治策略，大肆笼络民心，扩大自己的影响。遇到哪个小国有灾有难，他就主动救济它，并积极网罗人才，收集有关夏桀政权的情报信息，为消灭夏朝做积极的准备。他首先灭掉了与夏关系密切的韦、顾、昆吾诸小国，在力量准备充足以后于公元前1600年发动了灭夏战争。

商朝开国君王商汤像

在商军出征以前，商汤进行了誓师动员，历数夏桀的罪行，说明自己出兵灭夏是替天行道，号召部众勇敢作战，一举结束夏桀的黑暗统治。誓师以后商军战旗猎猎，军容齐整，士气高昂地向夏朝都城进发。商汤手持大斧，坐在战车上，指挥三军。此时的夏桀再也顾不上寻欢作乐，他连夜调集军队，设下几道防线，阻止商军的进攻。然而连年来，夏桀的统治十分不得人心，军队纪律涣散，又指挥不灵，两军交战，夏军很快就被击溃。夏桀见势不妙，就带着残兵败将逃到了鸣条。双方军队在鸣条（今山西省安邑县）进行了决战，结果商军获得全胜，夏桀带着几名护从狼狈逃出战场，夏王朝宣告灭亡。

从“商汤灭夏”的战争中可以看出，君王贤明与否，直接关系战争的胜败。

【本经】

将听吾计，用之必胜，留之；将不听吾计，用之必败，去之。

计利以听，乃为之势，以佐其外。势者，因利而制权也。

【译文】

如果将帅听从我的计谋(指五事七计)，并能运用它指挥作战，就必定取得胜利，这样的将帅就一定要留在指挥岗位上，委以重任；如果将帅不听从我的计谋，而按他自己的意图去指挥作战，就一定失败，那就让他离开指挥岗位，绝不能留任他。

如果经过利害的权衡，君主采纳了我的计谋策略，就要设法造成有利的态势，以此为外在的辅助条件。所谓有利的态势，就是根据对我有利的情况而采取灵活机动的措施和行动。

【评析】

孙子在这里强调了“计利以听”。简言之，就是充分分析和评价自己的实际情况，然后在现有条件的基础上，制造对我方有利的形势，也就是“乃为之势”，强调的是“知己”。

然而，在实际作战中，各种因素并不是一成不变的，战争形势会随着天、地、人等各种因素的变化而不断变化。我方可利用现有的条件借机来影响对方，这就是“因利而制权”。“因利而制权”意指根据利害关系的变化而采取应变的权术，是孙子重战和慎战思想的重要原则。其要旨在于用兵作战要审时度势，分析利弊。当我军的各种条件都优于对方，占据有利形势时，才可与对方交战；在各种条件都不利于我方，没有作战优势时，切不可贸然出兵，而要设法制造优势，然后伺机进攻，否则必然会惨败。

仆固怀恩曾是唐朝大将郭子仪的部下，在平定安史之乱中立下过战功，但因不满唐朝对其的猜忌，于广德元年（763年）起兵反唐，并煽动吐蕃和回纥两国联合出兵进犯中原。他还欺骗他们说郭子仪已被宦官鱼朝恩杀害。

765年，仆固怀恩带领吐蕃、回纥几十万大军向长安进发。9月，在进军途中，仆固怀恩得病暴卒。吐蕃、回纥联军继续进军，一直打到长安北部的泾阳（今陕西泾阳），直逼唐都长安。

消息传回，朝野震惊。宦官鱼朝恩建议唐代宗出逃避乱，遭到众臣的一致反对。大臣们都建议让郭子仪领兵击退吐蕃、回纥联军。年近古稀的郭子仪再次临危受命。

郭子仪率军驻守泾阳，因手中兵力有限，所以一面加紧修筑防御工事，闭门不战，一面派探子前去敌营刺探军情。探子回报，吐蕃和回纥大军虽名义上为联军，但内部并不团结。他们本就是受了仆固怀恩的教唆才联合造反，如今仆固怀恩一死，双方争权夺利，常有冲突发生。郭子仪得知这一情况后，决定采用分化瓦解

仆固怀恩起兵反唐

唐朝名将郭子仪

敌人的方法来退敌。回纥的将领药葛罗曾随他一起剿灭过安史叛军，彼此之间交情不浅，于是决定利用这层关系拉拢药葛罗。

当晚，郭子仪派部将李光瓒去回纥大营，拜见了回纥都督药葛罗。李光瓒质问药葛罗："郭令公命我来请教您，回纥与唐朝向来友好相处，而今何故兵戎相见？"药葛罗听说郭子仪尚在人世，大为惊讶，非要见他一面才肯相信，于是要求郭子仪到回纥营中一叙。

李光瓒只得返回唐军营地，将实情禀报于郭子仪。郭子仪听后决定赴约。

郭子仪和几名随从骑马出城，并让随从不断吆喝着他的名号，直奔回纥军营。回纥部众远远看到有几个人驰马奔来，还隐约听到士兵的吆喝声，急忙去通知药葛罗。药葛罗和回纥将领们大吃一惊，忙下令全军戒备。

郭子仪和几名随从在离回纥营不远处下马，摘下头盔，卸掉铠甲，把武器扔到地上，拽紧马缰，缓缓靠近回纥军营。药葛罗和众将目不转睛地审视来人，待看清来人确是郭子仪之后，都翻身下马，对着郭子仪下拜行礼。

郭子仪细数了药葛罗曾在平定安史之乱中立过的大功，并说唐朝与回纥素来友好相处，质问药葛罗何故不念旧恩，兴兵犯境。药葛罗满怀歉意地说："我们是被仆固怀恩骗了，以为唐朝皇帝和您都已遇害，中原无人治国，才随他前来。现真相大白，我愿与大唐一起击退吐蕃，结永世之好。"

药葛罗与郭子仪的这次会面以双方订立盟约而结束。

吐蕃得知郭子仪面见药葛罗，知道形势骤变，于己不利，所以连夜拔寨撤兵。郭子仪与回纥合兵联合追击，最后大败吐蕃。吐蕃此次失利之后，元气大伤，在很长的一段时间内都无力再侵扰大唐。

郭子仪充分分析了敌我双方的优劣，做到了孙子所说的"因利而制权"。他利用自己与回纥统帅药葛罗之间的交情，又利用回纥与吐蕃之间的矛盾，成功瓦解了回纥、吐蕃联盟，将回纥争取到了自己一方，营造了于己有利的态势，从而反客为主，变弱势为强势，巧妙地化解了唐朝的危机。

【本经】

兵者，诡道也。故能而示之不能，用而示之不用，近而示之远，远而示之近。利而诱之，乱而取之，实而备之，强而避之，怒而挠之，卑而骄之，佚而劳之，亲而离之，攻其无备，出其不意。此兵家之胜，不可先传也。

【译文】

用兵作战，应以诡诈多变为原则。一向能征善战者要装作软弱无

《对弈图》 战争就好像棋盘上的博弈，知己知彼，神通诡道，才能获得最后胜利。

能，本来已做好准备打仗者要装作临阵畏敌，无心应战，本来要攻打近处的目标却要给敌人造成攻击远处的假象，要以远处为攻打目标则要佯装在近处进攻。对方如果贪心就用微小的利益来引诱他上当，如果对方内部发生混乱就要乘机对他发动攻击，如果对方实力很强就要小心戒备，对方强大而坚不可摧就要暂时避其锋芒，对方容易冲动、易怒就要设计激怒他使其情绪大乱，对于小心谨慎的敌人要假装中他的圈套使其放松警惕，敌人在安逸之时要不停地骚扰他使其疲劳匮乏、夜不能寐，对于内部团结的敌人则要巧用离间计令其互相猜忌、起疑，在对方毫无准备时突然进攻，在对方意想不到的地方采取伏击。如此种种，是兵家作战取胜的法则，这些战术都是在实际作战中多次磨炼、总结的，无法在事先告知传授。

近交远攻

【评析】

用兵之道是以“诡道”为原则的，“诡道”是所有战术的核心与基础。简言之，“诡道”也就是欺骗敌人，不断地制造玄机、混乱、诱惑，让敌人琢磨不透我方的真实想法，从而扰乱对方的作战思想、应战策略、作战步骤。这样，敌方就会由虚转实，由有备而转化为无备。这时，我方便可在敌人意想不到的情况下，猝然发起攻击，在战斗中取得主动权。孙子还提到，上面提出的十二条“诡道”是作战取胜的秘诀，必须在实践中总结，灵活应用，无法事先传授。

以逸待劳

宋仁宗皇祐四年（1052年），南方少数民族首领侬智高发动叛乱，招兵买马，攻城略地，一直打到广南东路（今属广东省），占领了广州，一时所向披靡。仁宗多次派兵征讨，均损兵折将，大败而归。此时宰相庞籍推荐了时任枢密副使不到三个月的狄青。仁宗任命他为宣徽南院使，宣抚荆湖南北路，经制广南盗贼事，让狄青统军南下，征讨反贼，并亲自在垂拱殿为狄青设宴饯行。

当时，宋军连吃败仗，军心动摇，更有个别将领如陈曙等，心怀私利，不以国事为重，竟因害怕他人抢功而擅自出击，结果大败而归，士兵死伤惨重。狄青受命之后，鉴于历朝借外兵平叛后患无穷的教训，首先向皇帝建议停止借交趾兵马助战。随后，他大刀阔斧地整肃军纪，处死了陈曙等不听号令之人，使军威大振；接着命令部队按兵不动，并从

各地调拨、屯集了大批的粮草，而后出兵西南，并与前任安抚使孙沔、余靖所部合并，共有官军31000多人。狄青向孙沔讨教之前出师不利的原因，孙沔指出前几次征剿之所以失败，是因为军情外泄，使反贼早有防备。狄青将此牢记于心。

宋朝名将狄青像

侬智高听闻此次担任安抚使的是智勇双全、能征善战的狄青，因此行事更加谨慎，加强了邕州（今广西南宁）的防守并驻守在昆仑关（今广西南宁市东北）。狄青率军到来后，在离邕州较远之处安营扎寨。适逢元宵节，百姓家中都张灯结彩，欢庆佳节。狄青就命地方官为大军备足五日粮草，在营中大摆筵席，犒赏将士。他宣布：第一夜邀请高级将领，第二夜邀请中下级军官，第三夜犒赏全体士兵。侬智高听到这个消息信以为真，便放松了戒备，也命部下在军中设宴庆祝。

再看狄青营中。第一夜，将领们赴宴，饮酒行令，尽情欢乐，直到天明才散。第二夜，军官们酒至半酣，狄青称身体不适离开筵席。众军官尽情地吃喝，闹得不亦乐乎，至深夜仍不见主帅回来，谁也不敢离席。待到天亮时，忽有军卒来报：“元帅已攻破昆仑关，特请诸位到关上吃早饭去。”大家听了，都为之愕然！

原来，狄青早已暗中挑选了部分精兵强将，第二夜趁侬军不备时去偷袭他们。侬军仓皇失措，来不及抵抗便纷纷退却，狄青趁机攻下险要的昆仑关。侬智高在昆仑关失守后，忙率兵退回老巢。狄青率官兵南进，越过昆仑关，设计在归仁铺与侬智高决战。结果大败侬军，“追赶五十里，斩首数千级”，俘侬智高大将五十七人。侬智高遁往云南大理，后死在那里。

孙子兵法主张“出其不意，攻其无备”。狄青利用敌人能知悉自己军情这一劣势，将计就计，化被动为主动，出其不意，克敌制胜，将兵不厌诈这一战术思想发挥得淋漓尽致。

【本经】

夫未战而庙算胜者，得算多也；未战而庙算不胜者，得算少也。多算胜，少算不胜，而况于无算乎！吾以此观之，胜负见矣。

【译文】

在作战前，朝廷的策划谋算预知胜利的，是由于其筹划周密，获胜的条件充分；在作战前，如果预知不能取得胜利的，则是因为其筹划不周，不具备获胜的条件。筹划周密，条件成熟，就能够取胜，筹划不周，条件不成熟，就不容易取胜，更何况不去筹划，不分析作战条件的呢！我们从这些方面考量，就可以预测出战争的胜负了。

声东击西

【评析】

孙子在此篇中提出了许多诡秘欺敌的战术，但应用任何战术，都必须以一些基本条件为基础。和对方相比，你的基础条件要是略高，就占有优势，那么获胜的机会就高，反之则低。因此，基础条件是一切战术的首要考虑点，离开基础条件，则再好的战术都发挥不出来，结果就会适得其反。正是基于这种考虑，孙子在本篇的最后，特别强调了"庙算"在战争中的重要性。

成皋之战发生于汉高帝二年（公元前205年）5月至高帝四年（公元前203年）8月。这场战役是西楚霸王项羽和汉王刘邦为了抢夺战略要地成皋（今河南荥阳汜水镇）而进行的一场持久争夺战。

战争初期，刘邦采纳张良的建议，施行正面攻击、侧翼迂回和背后偷袭的作战策略：离间英布，并使其倒戈，从而在南面牵制项羽；又派韩信破魏，保障侧翼安全；同时，暗使彭越从后方袭扰项羽，以此牵制项羽的正面进攻。另外，刘邦命萧何治理关中、巴蜀，稳定后方，保障后勤供给；与此同时，他又依陈平之计，派间谍从内部分化瓦解楚军。

汉高帝二年春天，项羽调集重兵猛攻荥阳、成皋，痛击汉军。5月，项羽再次率大军进攻荥阳，刘邦势孤，被围荥阳。此时，张良献出一招缓兵之计，让刘邦向项羽割地求和，却被项羽断然拒绝。最后刘邦利用 "金蝉脱壳"之计逃出荥阳，逃往关中，成皋落入项羽之手。

刘邦在关中招兵买马，准备夺回成皋。他听取了辕生的建议，率

汉朝开国皇帝汉高祖刘邦

军出武关（今陕西商南东南）到达宛（今河南南阳）、叶（今河南叶县）之间，引诱楚军南下，从而削弱荥阳楚军的兵力，与英布配合牵制楚军。这时，韩信也从赵地（原赵国旧地）率部南下，到达黄河北岸，配合刘邦，与荥阳汉军策应。此时的刘邦转攻为守，避免与楚军正面交锋，却让彭越袭扰楚军后方。彭越攻下了楚军要地下邳（今江苏睢宁西北），直接威胁楚都彭城（今江苏徐州）。项羽被迫回兵攻打彭越，刘邦趁机收回了成皋。

6月，项羽击退彭越后卷土重来，攻占荥阳，夺回成皋，继而向西挺进，直到今河南巩义市一带。刘邦不敌，只得北渡黄河，在小修武（今河南获嘉东）一带防御。刘邦命一部分汉军据守于巩（今河南巩义市西南），一部分屯驻小修武，挖深沟、筑高垒，避免与楚军交锋。同时让韩信向东攻齐（项羽分封的齐国），扩大北方战场；又派刘贾，深入楚国腹地，与彭越联合侵扰楚军后方，断其粮道。彭越有了刘贾的支援，连取睢阳（今河南商丘南）、外黄（今河南杞县东北）等十七座城池。彭越、韩信的袭扰，威胁到项羽的侧背。于是，项羽只得在9月间放弃对刘邦的进攻，再次率兵返回攻打彭越。临走时项羽再三嘱托成皋守将曹咎坚守城门，不得出战。

汉高帝四年（公元前203年）10月，谋士郦食其建议刘邦乘项羽东攻彭越之机反攻成皋。守将曹咎禁不住激将，率军出击。刘邦用"半渡击之"的战术大败楚军于汜水之上，曹咎兵败自刎。汉军夺回成皋，并继续东进。项羽得知成皋失陷，忙率军驰援成皋，同汉军对峙于广武，欲与刘邦决一生死。但刘邦倚仗险要地形，拒不出战。两军相持数月无果。此时韩信正攻打临淄，齐地战事吃紧，项羽被迫派大将龙且前往救齐。结果，龙且二十万兵马全军覆没，齐国为韩信所占。数月后，韩信已平定三齐，攻占了楚国东部和北部大部分地区，对项羽形成合围之势。彭越军队也不断侵扰楚军后方，夺取了昌邑（今山东金乡西）等二十余座城池，还多次切断楚军粮道。英布在淮南也大有所为。项羽腹背受敌，被迫求和，提出与刘邦以鸿沟为界，中分天下，刘邦同意，项羽遂率军东归。成皋之战最终以刘邦胜利而告终。

刘邦在成皋之战中能打败实力雄厚的项羽，主要因为：政治上，他注重笼络民心，加强内部团结；军事上，他善于从战略全局出发处理问题，采用了高明的战略战术。刘邦以多算胜少算，谋定而后动，一举奠定了统一全国的基础。

作战篇

【本经】

孙子曰：凡用兵之法，驰车千驷，革车千乘，带甲十万，千里馈粮。则内外之费，宾客之用，胶漆之财，车甲之奉，日费千金，然后十万之师举矣。

【译文】

孙子说：凡兴兵打仗，出动战车千辆，辎重车千辆，军队十万，还要千里运粮。这样一来，前方后方的费用，外交使节往来的开支，物资的供应，武器装备的保养补充，每天要耗费千金，然后十万大军才能出动。

【评析】

孙子在这里阐述了大规模作战，需要以雄厚的经济实力为基础。战争对国家的消耗是巨大的，战争不断，消耗就不断。于是本篇开篇，孙子就将与出兵打仗有关的问题列了一个清单，将作战必须具备的各项物质条件逐个列出。只有在各种条件都具备时，方可举“十万之师”，否则就不能出兵。战争对国家的消耗是巨大的，而且不是短期所能弥补的，因此，君主不应该轻启战端，这也为孙子在后文反对“穷兵黩武”打下了基础。

燕昭王

前627年……

晋襄公率军全歼秦军的重要伏击歼灭战。此战是中国历史上典型的伏击歼灭战。晋大胜，保住霸主地位。

战国时期，齐国君主齐闵王好大喜功。齐国国富民强，他倚仗齐国强大的实力，不断挑起事端。公元前301年，齐闵王联合秦、韩、魏攻楚，占领垂丘（今河南沁阳北）；公元前298年，他又联合韩、魏攻秦，占据函谷关（今河南灵宝境内）；公元前287年，再次联合赵、韩、魏、楚一起攻秦，使秦王臣服；公元前286年，齐击败秦国灭了宋国又进犯楚国。连续征战三十多年，齐国的疆土是扩大了，但伴随而来的是国库空虚，民不聊生，兵弱将寡，士兵厌战。此时，燕昭王听取谋臣乐毅的建议，联合秦、楚、韩、赵、魏国的军队攻齐，联军由乐毅统率，占领齐国城池七十余座。齐闵王也于逃亡途中客死他乡。齐闵王连年征战导致国力日衰，民心不稳，齐国变为战败国，这是没有充分认识到战争危害带来的恶果。

燕国名将乐毅

在现代社会，企业的强盛之道，是以雄厚的实力为基础，积极参与市场竞争，依靠实力打败竞争对手。任何企业，想要发展，都需有足够的经费来维持周转。对于经费的使用，要靠完善的预算机制、严格的审核制度来把关，这样才能避免财政弊端的产生。企业经费的管理是现代企业发展战略的重要组成部分。

【本经】

其用战也贵胜，久则钝兵挫锐，攻城则力屈，久暴师则国用不足。夫

乐毅灭齐

钝兵挫锐，屈力殚货，则诸侯乘其弊而起，虽有智者，不能善其后矣。故兵闻拙速，未睹巧之久也。夫兵久而国利者，未之有也。故不尽知用兵之害者，则不能尽知用兵之利也。

【译文】

所以，用兵打仗就要要求速胜，否则，长久僵持，兵锋折损、锐气被挫，攻城就力竭，长期陈兵国外，则国内资财不足。如果兵锋折损，锐气受挫、兵力耗尽、财政枯竭，其他诸侯国就会趁这个困顿局面举兵进攻，到那时即使是再睿智高明的人也难以收拾好这个局面。用兵打仗，只听说计谋不足但靠神速取胜的，没有听说有计谋却要拖延战争时日的。战争时间长而对国家有利这种事，从来就没有过。因此，不能全面了解用兵危害的人，也就不会真正体会到用兵的益处。

【评析】

战争带来的资源消耗是巨大的，如果战争持续久了，国家就会受害。因此，既要获得用兵带来的益处，又要回避用兵带来的危害，就必须贯彻孙子的“兵贵胜，不贵久”思想。大凡用兵作战，首要讲求先发制人，兵贵神速。将帅要争取快速制敌，快速进攻，迅速捕捉战机。这主要是因为：

第一，快速解决战斗可以实现以最低的战争消耗获得最大的战争收益。战争拖延太久，从心理层面来考虑，会使军队士气低落，无心应战，甚至出现反战情绪；从物质层面来说，会使国家财政难以为继，国民经济崩溃，农业生产中断。孙子很看重战争对国家物质层面的危害。

第二，速战速决也是实行“诡道欺敌”战术的必然要求。在作战中双方都要设法弄清对方的战略方针与作战意图。如果战争拖得太久，战略意图则很容易被敌方识破，违背了“诡道欺敌”的宗旨，难以做到“攻其不备，出其不意”，从而贻误战机，功亏一篑。

【本经】

善用兵者，役不再籍，粮不三载。取用于国，因粮于敌，故军食可足也。

【译文】

精于用兵的人，不会多次征兵，不会多次运送粮草。作战装备由

本国提供，粮食草料则从敌国获取，这样，就可以充分满足军队作战所需的粮草了。

【评析】

古代社会，君王会规定其子民必须向国家缴纳苛捐赋税，还有服义务役等。两国交战，费用支出浩大，这笔巨大的经费都得由老百姓提供，所以在战争期间，受累的还是两国百姓。统治者对百

掀起秦末农民起义狂潮的陈胜

陈胜、吴广揭竿而起

姓的索求如果超过了百姓所能承受的极限，就会引起百姓的反抗。秦朝的陈胜、吴广就是不堪忍受秦二世的压榨才揭竿起义的。

为了减少战争给百姓带来的危害，孙子提出“役不再籍，粮不三载”，这是为了稳定国家政权，以达到“取用于国”的目的。只有国内稳固了，才可分析战争的胜负，否则还谈什么战略战术呢！孙子强调武器装备要“取用于国”，人马粮草要“因粮于敌”。这样做，于本国来说，可以减轻劳动人民的负担，还减少了粮草在运输途中的人力财力的支出，实现了“粮不三载”的策略，而对于敌国来说，则消耗了他的部分国力，使他的内需增大。这样，对我军来说大有益处。

【本经】

国之贫于师者远输，远输则百姓贫；近于师者贵卖，贵卖则百姓财竭，财竭则急于丘役。力屈、财殚，中原内虚于家。百姓之费，十去其七；公家之费，破车罢马，甲胄矢弩，戟楯蔽橹，丘牛大车，十去其六。

故智将务食于敌。食敌一钟，当吾二十钟；萁秆一石，当吾二十石。

【译文】

国家由于兴兵而造成贫困的原因是粮草的长途运输，长途运输军需就会使百姓贫困；军队经过的地方物价高涨，物价上涨就会使国家财力枯竭，财力枯竭就汲汲于征收军赋。民力耗尽、财力枯竭，国内家家空虚。百姓的资财，会耗去十分之七；国家的资财，由于战车破损，战马疲病，盔甲、弓箭、矛戟、盾牌、牛车的损坏，会耗去十分之六。

因而，高明的将领务求在敌国解决粮草问题。消耗敌国粮食一钟，相当于从本国运输二十钟；消耗敌国饲草一石，相当于从本国运输二十石。

【评析】

长途运输的代价很高，得靠国家与民众的全力支持，长期这样会使国家经济陷入困境。孙子提出：为了减轻国家财政负担，最好的方法是“因粮于敌”。这也是古代兵家强调的“以战养战”的一种构想。孙子以详尽的数据统计分析了“因粮于敌”的好处，“因粮于敌”一分，相当于从本国运送二十分粮食。如果大部分补给都能从敌

运干粮车

象车

国索取，借助敌国的物资，补充自己的实力，那么再艰苦的战争，也不用担心会断了后勤保障。如果真正能做到“因粮于敌”的话，敌国败北便指日可待了，更无须使用军事策略了。所以，孙子提出“智将务食于敌”，后文又说“胜敌而益强”，说的就是借敌补己、“因粮于敌”的重要性。

在现代社会的企业竞争中，“因粮于敌”的策略表现为企业就地取材、就地生产，以及就地销售等。这样，可以使企业在竞争中占有成本优势，可以减少原材料的运输支出，能更准确地定位市场，还能降低成本投入，提升竞争力等。

【本经】

故杀敌者，怒也；取敌之利者，货也。故车战，得车十乘已上，赏其先得者，而更其旌旗，车杂而乘之，卒善而养之，是谓胜敌而益强。

【译文】

激励士卒奋勇杀敌，要使之威怒；鼓励将士夺取敌人资财，要用财物奖励其功。因此在车战中，凡缴获战车十辆以上的，就要奖赏最先夺得战车的士卒，并且更换敌战车上的旌旗，将其混合编入自己的车阵之中，对于俘虏则予以优待、抚慰，任用他们作战，这就是所谓的战胜了敌人也使自己变得日益强大。

【评析】

这一段是对上文“务食于敌”的进一步补充，强调要从敌方获取物资，对于先缴获和多缴获敌人物质的士兵要给予物质奖励。被我军俘虏的敌国士兵，我军要给予妥善的安排照顾，努力化敌为我，以补充我军实力。缴获的敌人战车和士兵则成了我军的战车和士兵，这也就是所谓的“以战养战”的思想，利用敌国的物力和人力，满足我军的需要，壮大我军的实力。这不仅减轻了本国负担，还削弱了敌国的力量，使他们面临人力、物力日益不足的压力。这就是孙子强调的“胜敌而益强”的战略思想。

【本经】

故兵贵胜，不贵久。故知兵之将，生民之司命，国家安危之主也。

【译文】

所以，用兵作战以速胜为贵，不主张僵持消耗。深知用兵之法的将帅，是民众生死的掌控者，是国家安危的主宰者。

【评析】

作战时，凭的是一股锐气，锐气一旦不足，全军士气就会低落，丧失战斗意志，就连后勤补给也会拖延怠慢，不能及时提供。曹刿论战时说："一鼓作气，再而衰，三而竭。"孙子也在这里强调"兵贵胜，不贵久"，意指战争以获取胜利为首要目的，不要拖延战事。

铜戈

孙子在别处还提到了战事持久不决，会带来四种不利的后果：一是军心士气受挫；二是国家财政受窘，国力不支，国家经济瘫痪，民众受苦；三是国人四处逃荒，十室九空，无人务耕，内忧不断，易发生暴动；四是外患迭起，使国家陷于内外交困之境，其他诸侯国会乘机入侵。因此，战争拖延过久，则有百弊而无一利。

谋攻篇

【本经】

孙子曰：凡用兵之法：全国为上，破国次之；全军为上，破军次之；全旅为上，破旅次之；全卒为上，破卒次之；全伍为上，破伍次之。是故百战百胜，非善之善者也；不战而屈人之兵，善之善者也。

【译文】

孙子说：大凡用兵的原则是使敌举国不战而降是上策，击破敌国使之降服是次一等的用兵策略；使敌全军不战而降是上策，击破敌军而取胜是次一等的用兵策略；使敌全旅不战而降是上策，击破敌旅而取胜是次一等的用兵策略；使敌全卒不战而降是上策，击破敌卒使之降服是次一等的策略；使敌全伍不战而降是上策，击破敌伍而取胜是次一等的策略。因此百战百胜，并非好的用兵策略中最好的；不交战而使敌屈服，才是高明的用兵策略中最高明的。

【评析】

孙子这段经典语录流传千年而不衰。孙子反对以流血牺牲为代价换取战争胜利。“百战百胜，非善之善者也；不战而屈人之兵，善之

陶车马

善者也。”这句话的核心就是施行非攻的战略原则，即不通过武力交锋而达到战略目的，才是最圆满的胜利，这也是战略家所追求的最高目标和完美境界。这种不战而胜的战略思想，与一些君主或将帅好大喜功、追求彪炳战绩的心态形成了鲜明的对比。能真正做到“全胜”的军事家，才可称得上“雄才大略”。

“不战而屈人之兵”是《孙子兵法》中一再强调的一项重要原则。这个原则可以通过以下两种情况理解：其一，对方确有实力，我方无力动武，可以文会战；其二，我方实力明显优于对方，在政治、军事上都处于主动地位，对方被迫屈从。但不管哪种情况，要想“不战而屈人之兵”，都需要自己国家拥有强大的经济、军事实力，方可使对方臣服。只有在政治上处于主动地位，才能通过外交途径达到不战而胜的目的。

【本经】

故上兵伐谋，其次伐交，其次伐兵，其下攻城。攻城之法，为不得已。修橹轒辒，具器械，三月而后成；距闉，又三月而后已。将不胜其忿而蚁附之，杀士三分之一，而城不拔者，此攻之灾也。

【译文】

因而最好的用兵策略是以谋略胜敌，其次是以外交手段胜敌，再次是通过野战交兵胜敌，最下等的是攻城。攻城是在不得已的情况下才采取的办法。为了攻城，修造望楼车、盾，准备各种攻城器械，需要花费数月才能完成；堆积用以攻城的土丘，又需花费数月才能完

攻城图

戌。将帅们已焦躁、愤怒异常了，驱赶着士兵像蚂蚁一样去爬梯攻城，士兵伤亡三分之一，而城还不能攻下，这便是攻城带来的危害。

【评析】

这一节提出了“不战而屈人之兵”的各级层次和怎样才能做到“全胜之战”，既能赢取胜利，还不让自己的军队受到损伤。孙子强调要采用政治、外交等手段，加强自己的实力，削弱敌国的势力，依靠自身强大的国力，威慑对方，令其臣服，避免兵戎相见。这也是本篇所要探讨的“伐谋”“伐交”的军事战略思想。

在后面，孙子论述了“攻城之灾”，说明强攻所带来的实际危害比预想的要大得多，这从反面衬托了“伐谋”“伐交”的高明之处。

兵戎相见，自然会付出流血的代价，“伐谋”“伐交”也要以强大的军事实力作为后盾，否则就会产生诸如“弱国无外交”的无力感。

【本经】

故善用兵者，屈人之兵而非战也，拔人之城而非攻也，毁人之国而非久也，必以全争于天下，故兵不顿而利可全，此谋攻之法也。

【译文】

因此精于用兵的人，使敌人的军队屈服并不是通过战场杀戮的方式，攻取敌人的城池也不用强攻的手段，摧毁敌国的势力也不用旷日持久的战争，而一定本着不诉诸兵刃就能使敌屈服的原则争霸天下，做到军队不受挫而胜利可全得，这便是谋攻的法则。

【评析】

这一节是对孙子的“全胜”“非攻”“兵不贵久”思想的总结与概括。“屈人之兵而非战也，拔人之城而非攻也，毁人之国而非久也”，可以说是《孙子兵法》的精髓，也是孙子所向往的用兵作战的最高境界。

【本经】

故用兵之法，十则围之，五则攻之，倍则分之，敌则能战之，少则能逃之，不若则能避之。故小敌之坚，大敌之擒也。

【译文】

《孙子兵法》作者孙武画像

所以用兵打仗的战术原则是，当我方的兵力是敌方的十倍时就把敌方团团围困以人多势众迫使其降服，当我方的兵力是敌方的五倍时可对敌方发起猛烈攻击，当我方的兵力是敌方的两倍时应设法将敌军分散然后以优势兵力各个击破，当敌我双方兵力相当时则可与敌交战，当我方的兵力少于敌方时应该设法摆脱敌人，当我方的兵力明显低于敌方时则应尽量避免与其正面交锋。因此实力弱小的军队若与强敌硬拼的话，无疑会被强敌擒获。

【评析】

孙子认为，在运用战术时，要先对敌我双方的兵力进行分析，再确定运用哪种作战策略，是围堵、猛攻，还是分开各个击破，或者是避其锋芒，从侧面出击，这都得因形势而定。能面对各种复杂的情况，做出合理的决断才是科学的军事态度。

孙子总结的战略战术，都是建立在“知己知彼”基础之上的。战争是双方军事实力的较量，而双方的实力对比又不是一成不变的，它时刻都在发生变化。因此，将帅必须以主动的姿态投入战争，以灵活应变的战略战术应对易变的战斗形势，将一条经验运用到底，会犯教条主义错误。

这段文字给我们的启发是，在面对问题时，要把事物看作是动态的、变化发展的，要随机应变，不失时机地做出最新的预测，把握事物发展的方向。

【本经】

夫将者，国之辅也。辅周则国必强，辅隙则国必弱。

故君之所以患于军者三：不知军之不可进，而谓之进，不知军之不可退，而谓之退，是谓縻军；不知三军之事，而同三军之政，则军士惑矣；不知三军之权，而同三军之任，则军士疑矣。三军既惑且疑，则诸侯之难至矣，是谓乱军引胜。

【译文】

将帅是国君的辅佐。为国君辅佐得周详严密，国家就必定走向强盛，辅佐得有失误，国家就必然逐渐衰弱。

君主对军队造成危害的情况有三个方面：不懂得军队不可以前进，却命令他们前进，不懂得军队不可以后退，却命令他们后退，这叫束缚军队；不懂军中事务，却干涉军中政务管理，军士就会迷惑；不懂得军中的权宜机变，却参与军队指挥，将士就会疑惑不解。如果三军将士既迷惑又疑虑，则诸侯乘机起而攻之的灾难就到来了，这就叫自乱其军而丧失了胜利。

【评析】

自古以来，“将在外，君令有所不受”这一原则一直受到兵家的认可。因为战场上的局势瞬息万变。在古代由于地理环境不畅，往往

“精忠报国”的岳飞

一条指令从国君那里发出，要经过很长时间才能到达将士手中，如果不能及时把握战机，而听从后方指令，则会丧失作战良机，错过大获全胜的机会，甚至会导致反胜为败的后果。古今中外，因贻误战机而反遭失败的事例不胜枚举。

【本经】

故知胜有五：知可以战与不可以战者胜，识众寡之用者胜，上下同欲者胜，以虞待不虞者胜，将能而君不御者胜。此五者，知胜之道也。

故曰：知彼知己者，百战不殆；不知彼而知己，一胜一负；不知彼不知己，每战必败。

【译文】

预测胜负有五条：懂得什么条件下可以战、什么条件下不可以作战者能够获胜，懂得根据兵力众寡而灵活运用战术者能够获胜，将帅与士兵上下一心、同仇敌忾者能够获胜，以有准备之师去攻打无准备之敌者能够获胜，将领富有军事指挥才能而君主又不从中横加干预牵制者能够获胜。这五条，就是预知战争胜负的方法。

所以说：了解对方也了解自己的，百战不败；不了解对方而熟悉自己的，胜负各半；既不了解对方，又不了解自

“精忠报国”的岳飞

岳王庙前的秦桧及其他四奸臣跪像

己，每战必定失败。

【评析】

孙子提出的五条预测胜利的方法，在作战前和作战中都应该仔细考虑和分析。作战指挥是针对将帅对于整个战事的预测与估计以及对局势变化而做出的应变的能力的综合考验。在整个作战过程中，将帅都起着举足轻重的作用。

战争的胜负不仅取决于作战双方的政治、军事、经济实力等物质条件，而且取决于作战将领的指挥才能。作战部队和作战物资为作战提供了物质基础，是固定不变的因素，而将领的指挥才能是作战中可变的因素，是可人为操控的，可随战事的变化和发展而灵活地发挥和应用。岳飞能够大破金兀术，就是因为他在宋军与其交锋失利之后，善于总结失败的教训，并分析了对方的作战特点，适时地调整战术从而大破“拐子马”。

形篇

【本经】

孙子曰：昔之善战者，先为不可胜，以待敌之可胜。不可胜在己，可胜在敌。故善战者，能为不可胜，不能使敌之可胜。故曰：胜可知，而不可为。

【译文】

孙子说：古代善于指挥作战的人，总是先创造条件使自己处于不可战胜的地位，然后等待可以战胜敌人的时机。做到不可战胜关键在于自己创造充分的条件，能否战胜敌人关键在于敌人是否有隙让你可乘。因而善于用兵作战的人，能做到不被敌人战胜，而不能使敌人一定被我战胜。所以说，胜利可以预测，但不可强求。

统兵的孙武

【评析】

孙子在前边几节就提到：战争乃“国之大事，死生之地，存亡之道”，他一直主张要在战前就充分谋划战事。他认为精于用兵的人，一定在战前就精密谋划，不给对方以可乘之机，绝不打无准备之仗。只要我方形成了对敌的整体优势，敌方必然会被动受制。因此，战争胜负的整体形势，是在战前就已注定的，而非在开战后才形成。

【本经】

不可胜者，守也；可胜者，攻也。守则不足，攻则有余。善守者藏于九地之下，善攻者动于九天之上，故能自保而全胜也。

【译文】

敌人有了不可战胜的条件，己方就守；敌方出现了可胜之隙，就可以攻。守是由于自己实力不强，胜利的条件不充分；攻是由于

兵不厌诈

自己实力强大，条件充裕，举兵必克。善于防守的人，如同深藏于地底，使敌人无形可窥，善于进攻的人，如同神兵自九天而降，使敌人措手不及，因而善攻善守的人既能有效地保全自己又能获取全面的胜利。

【评析】

孙子在前面有“先为不可胜，以待敌之可胜”的观点。那么怎样才能做到“不可胜”和“可胜”呢？用他的话来说就是：“不可胜，守也；可胜，攻也。”孙子认为不被敌人打败的最好作战形式便是防守，只有采取主动的防御态势，积极消除自己的弱点，不给敌方可乘之机，才能在战争中赢得主动。

“善守者，藏于九地之下；善攻者，动于九天之上。故能自保而全胜也。”充分突出了孙子在防御战中“自保而全胜”的思想，这种思想在全书中反复突现，并影响了其后各代的军事家。清太祖努尔哈赤曾称道：“当征战之际，最上者，莫过于不损己兵，而能胜敌者也。”

要做到“自保而全胜”，关键在于把握好进攻与防御的度。积极进攻当然是夺取胜利的主要手段，但也不能不顾客观形势而片面地强调进攻。同样，消极防御也不是一味奉行的准则，一切行动要以易变的战争形势为准则。

【本经】

见胜不过众人之所知，非善之善者也；战胜而天下曰善，非善之善者也。故举秋毫不为多力，见日月不为明目，闻雷霆不为聪耳。古之所谓善战者，胜于易胜者也。故善战者之胜也，无智名，无勇功，故其战胜不忒。不忒者，其所措必胜，胜已败者也。故善战者，立于不败之地，而不失敌之败也。是故胜兵先胜而后求战，败兵先战而后求胜。善用兵者，修道而保法，故能为胜败之政。

战国时期秦国名将白起

【译文】

预见胜利不超过一般人的见识，不算高明中最高明的；经过力战而胜，天下人都说好，也不算好中最好的。就像举起秋毫不算力大，看见太阳、月亮不算眼明，听见雷霆不算耳聪一样。古代所说善战的人，总是取胜于容易战胜的敌人。因而这些善战者的胜利，既没有智谋的名声，也没有勇武的功劳，他们所进行的战争的胜利是不会有丝毫误差的。之所以没有误差，是因为他们所进行的战斗举动是必胜的，是战胜那些已处于失败地位的敌人。善于作战的人，总是自己先立于不败之地，而不放过任何一个打败敌人的时机。因此胜利之师是先具备必胜的条件然后再去交战，失败之师总是先同敌人交战然后期求从苦战中侥幸取胜。善于用兵的人，总是注意修明政治，确保治军法度，所以能成为战争胜负的主宰。

战国武士俑

【评析】

“故善战者，立于不败之地，而不失敌之败也。”这是对善战将领的精彩描述，也是贯穿《形篇》的灵魂。本篇中，关于攻防关系的论述及其为战争创造有利条件等，都是对它的阐述与展开。

要想“立于不败之地”，重在做好战前筹划工作。战前准备要周全而详密，要多方收集对方的情况，然后对比自身方面，分析我方、对方各自的优势、劣势。还要对可能出现的情况，做出最佳的预测，采取应急对策，从而制定一套周密的计划。

“胜兵先胜而后求战，败兵先战而后求胜”，这和开头的要打有把握之仗是相呼应的。孙子认为，凡出兵作战，要么不打，要打就打必胜之仗。如果在战前没有充分谋划就贸然出兵，只是企图侥幸获胜者，必然会失败。

【本经】

兵法：一曰度，二曰量，三曰数，四曰称，五曰胜。地生度，度生量，量生数，数生称，称生胜。故胜兵若以镒称铢，败兵若以铢称镒。

胜者之战民也，若决积水于千仞之溪者，形也。

【译文】

根据用兵之法，战前必须注意的要素有：一是度量土地面积，二是计量物产收成，三是计算部队兵员多寡，四是对比双方力量，五是预测胜负优劣。土地质量决定耕地面积的多少，耕地面积的多少决定了粮食收成情况，粮食收成决定兵员数量的多少，兵员数量决定国家实力的大小，国家实力的大小决定它能否在战争中取得胜利。所以胜利之师较之于失败的军队，如同以镒（1镒等于24两）对铢（1两等于24铢），是以强大的军事实力取胜于弱小的敌方，败亡之师较之于胜利之师，如同以铢对镒，是以弱小的军事实力对抗强大的敌方。打胜仗的军队，将领指挥士卒作战，威慑力就像决开八千尺高的山涧积水一样一泻万丈，这正是“形”的含义。

【评析】

在用兵作战时孙子提出了五项要素：即“度”“量”“数”“称”“胜”。它们之间一环扣着一环，前者影响着后者，“地生度，度生量，量生数，数生称，称生胜”。

势篇

【本经】

孙子曰：凡治众如治寡，分数是也；斗众如斗寡，形名是也；三军之众，可使必受敌而无败者，奇正是也；兵之所加，如以碫投卵者，虚实是也。

【译文】

孙子说：凡是治理大部队与治理小部队原理是一样的，抓住编制员额有异这个特点就行了；指挥大部队作战与指挥小部队作战基本原理是一样的，掌握部队建制规模及其相应的名称不同这个特点就行了；统帅三军兵士，能让他们一定立于受敌而不败的地位，就在于巧妙地运用奇兵、正兵；军队所指之处，像以石击卵一样，就在于灵活运用虚实。

孙武分军

【评析】

这一段讲述的是部队的治理和运用战术的问题。孙子提出，治理众兵的原理在于“分数”，指挥部队作战的要领在于“形名”，遭受攻击时的应对之术在于“奇正”，攻击敌人时的法则是讲求“虚实”。

自古以来，在建立一支军队时，都要实行一定的编制，使之能够统一部署，便于管理；再有，有了编制，在军令下传时，能够快速有效地传到下级，方便军队的整体调动。战场上，在具体运用战术时，要讲求出奇制胜，虚实结合。两军交战，既要按照常规出兵，做到有法可依，又要突破常规，使用奇巧战术，给对方造成各种假象，令其无法摸清我方的真实意图，寻找可乘之机，夺取胜利。这也就是寻找机会制造有利于我军的“势”。

【本经】

凡战者，以正合，以奇胜。故善出奇者，无穷如天地，不竭如江河。终而复始，日月是也；死而复生，四时是也。声不过五，五声之变，不可胜听也。色不过五，五色之变，不可胜观也。味不过五，五味之变，不可胜尝也。战势不过奇正，奇正之变，不可胜穷也。奇正相生，如循环之无端，孰能穷之？

【译文】

凡是作战，总是以正兵交锋，以奇兵取胜。善于出奇制胜的人，他的妙法是丰富多彩、层出不穷的，就像天地万物变化无穷，就像江河流水奔腾不息。周而复始，日月运行就是这样；去了又来，四季更替就是这样。音阶不过五个，但五个音阶融合演奏的音乐是赏听不尽的。颜色不过五种，但五种颜色调和绘成的画图

春秋铠甲

是观赏不完的。滋味不过五种，但五味调配的滋味是品尝不尽的。因此作战的基本方式不外乎奇、正两种，但奇正的变化运用是无穷无尽的。奇与正相互转化，就像圆环一样无始无终，有谁能穷尽它呢？

【评析】

“凡战者，以正合，以奇胜”，这是孙子对一般战争的总结。它得到了历代兵家的认可，但是对于何为正，何为奇，各家的说法莫衷一是，有人认为“先出为正，后出为奇”，也有人认为“明战为正，暗攻为奇”，也有人认为“正面作战为正，侧翼作战为奇”，还有人认为“静为正，动为奇”。他们虽然说法不一，但有一点是共通的，那就是以一般的用兵常识部署部队、交战，然后随着战势的变化，以奇兵取胜。孙子指出，兵法有“奇”“正”二术，二者可相互变化运用，产生不同的结果。

【本经】

激水之疾，至于漂石者，势也；鸷鸟之疾，至于毁折者，节也。是故善战者，其势险，其节短。势如彍弩，节如发机。

【译文】

湍急的流水疾速奔泻，以至于能冲走石头，这便是势；鸷鹰疾飞，能捕杀鸟雀，这就是“节”的含义。因而善于作战的人，他所造成的态势是险峻的，他发动攻势的节奏是短促的。势就像弓弩张满待发的状态，节就像在短距离内瞄准敌人触发弩机。

前51年 ……… 罗马征服和占领高卢地区的战争。高卢地区的反抗均被恺撒镇压，罗马当局在外高卢设立行省。

虎符

【评析】

孙子在这里所阐述的意思类似于现在我们常说的“形势”二字，“形”指的是呈现出的静态，是力量尚未爆发之前的状态；“势”指的是呈现出的动态，是张力瞬间爆发所产生的威力。孙子以其形象的事例论述了“形”与“势”之间的关系。细静的水流本来呈现给人的是一种静态的感觉，没有丝毫威力可言，这就是一种“形”。但是在堤坝决口处，迅猛而下的水流却能将石头冲走，这种巨大的威力就是“势”；猛禽在攻击前的状态是“形”，奋击捕杀猎物便形成了“势”。宋朝代州守将张齐贤能使代州城安然解围，便是巧用了借势败敌的战术。

【本经】

纷纷纭纭，斗乱而不可乱也；浑浑沌沌，形圆而不可败也。乱生于治，怯生于勇，弱生于强。治乱，数也；勇怯，势也；强弱，形也。

【译文】

青铜三戈戟

战场上看起来混乱不堪，但在混战中指挥战斗一定不可使行阵混乱；战场上看起来形势不明，却能做到自如地应对各种情况而不被战败。战场上，一方的混乱产生于对方的严整,一方的怯懦产生于对方的勇敢，一方的弱小产生于对方的强大。或严整或混乱，是由各自部队的素质决定的；或勇或怯，是由各自所处的态势决定的；或强或弱，是由各自军队的实力表现出来的。

【评析】

此段中，孙子特意强调了在战场上隐藏自身实力的重要性，应故意做出假象，令对方感到我方不具有威胁性而产生轻敌的心理。这样，敌人在进攻时，必然会大意，我军再找准机会重拳出击，一举击垮对方。就

曹刿一鼓作气退齐军

是说，在战场上也要懂得牺牲，以小利获大益。

孙子同时还强调了“乱生于治，怯生于勇，弱生于强”，如果自身实力确实不足，就不要装出内部混乱的态势，否则反而会自乱阵脚，无法收拾。因此，在应用“乱治”“怯勇”“弱强”战术之时，一定要建立在自己有雄厚实力的基础之上，否则不宜贸然采用。

指挥淝水之战的东晋贤相谢安

【本经】

故善动敌者，形之，敌必从之；予之，敌必取之。以利动之，以卒待之。故善战者，求之于势，不责于人，故能择人而任势。任势者，其战人也，如转木石。木石之性，安则静，危则动，方则止，圆则行。故善战人之势，如转圆石于千仞之山者，势也。

【译文】

因而善于调动敌人的将领，就善于故意给对方以假象，敌人就会根据这个假象做出相应的错误举动；给敌人一点利益，敌人就一定来取。以小利来调动敌人，以严整的伏兵来等待敌人进入圈套。因此高明的将帅总是从自己造的“势”中去追求胜利，而不苛求部下以苦战取胜，因而他们能恰当地选择人而巧妙地利用“势”。善于利用“势”的人，他们指挥军队作战，就像转动木料、石头一样。木、石的禀性是，置于平地则静止，置于高峭之地则滑动，方形的木石容易稳定静止，圆形的则会翻滚运动。所以善于指挥作战的人所造成的有利态势就像从八千尺高的山上滚下圆石一样（其势不可阻挡，威力无比），这便是兵法上所说的“势”。

【评析】

这里孙子认为：高明的将帅总是力求制造有利的战争态势。他把这比喻为圆石，将圆石从千仞之高的山上滚下，它会以愈来愈快的速度摧毁途中的一切，爆发出巨大的威力。将这种兵家提倡的“势”运用在人身上，就是指要极大地调动人的积极性，鼓舞我方

马踏飞燕

士气，降低对方士气，把人的心理潜能激发出来，付诸战斗。精明的领导者会“择人而任势”，力图制造对己方有利、对敌方不利的态势，来获取成功。

虚实篇

【本经】

孙子曰：凡先处战地而待敌者佚，后处战地而趋战者劳。故善战者，致人而不致于人。

【译文】

孙子说：大凡先到达战地而等待敌人到来的一方，就显得沉稳、安逸，后到达战地而疾行奔赴应战的一方，就显得紧张、劳顿。因而，善于指挥作战的人，总是设法调动敌人而自己不为敌人所调动。

【评析】

孙子在这里强调的是在作战中要争取主动权。善战者要在战争中争取"致人"，也就是调动敌人，使我方占据主动权，以我方调动敌方，使其按照我方的意图行动。而"致于人"，也就是指我方受制于敌方，被动行事。孙子认为，在战争中最重要的一点便是要掌握战斗的主动权。这种主动权可以体现在作战前的准备阶段，我方先于敌方进入阵地，做好战略部署。这就占有了优势，可以逸待劳，在敌方的

牛虎铜案

紧张、劳顿之际，先发起攻击。

【本经】

能使敌人自至者，利之也；能使敌人不得至者，害之也。故敌佚能劳之，饱能饥之，安能动之。出其所不趋，趋其所不意。

【译文】

能使敌人主动来上钩的，是诱敌以利；能使敌人无法到达战区的，是相逼以害。因而，敌人如果闲逸，就要使他劳倦；敌人如果饱食，就要使他忍受饥饿；敌人如果安稳，就要使他发生动乱。向敌人无法紧急救援的地方行进，快速到达敌人意想不到的地方。

【评析】

我们知道在战争中要尽量争取主动权，才不至于受制于敌。但是，能否获得主动权是以客观条件为基础的，自身的兵力、武器、配套设备、补给等都是影响能否取得战争主动权的因素。领导者要善于制造有利于自身的形势，这样可以打乱对方的作战计划，在对方“佚、饱、安”时，设法使其“劳、饥、动”，从而获取主动权。

【本经】

行千里而不劳者，行于无人之地也。攻而必取者，攻其所不守也。守而必固者，守其所不攻也。故善攻者，敌不知其所守；善守者，敌不知其所攻。微乎微乎，至于无形；神乎神乎，至于无声，故能为敌之司命。

【译文】

战国秦国名将王翦像

行军千里而不劳顿，是因为军队行进在没有敌人设防的地方。攻必取，是因为攻击了敌人没有防备的地方。防守而一定稳固，是因为防守的是敌人无力攻取的地方。因而善于进攻的人，总是让敌人不知该于何处设防；善于防守的人，总是让敌人不知该于何处进攻。微妙啊微妙，达到了令敌人无形可窥的境界；神秘啊神秘，达到了不露一丝声息的程度，所以才能成为敌人命运的主宰者。

【评析】

“攻其所不守”，“守其所不攻”的策略是关于进攻和防守作战中应该注意的两点，也就是对前边所说的“避实击虚”的诠释。“攻其所不守”，是在进攻战中的“避实击虚”，“不守”之意，不能片面理解为敌人没有防守的地方，而是指敌人防守能力薄弱的环节或地方；“守其所不攻”，是在防守战中的“避实击虚”，“不攻”之意，也不能片面地理解为敌人不会来进攻，而是指在防守中没有漏洞，没有空隙可钻。孙子认为，好的指挥家在作战中会做到令敌人无形可窥，无声可寻，这样才能把敌人的命运牢牢掌握在我们的手中。

209年…………

孙刘联军大败曹操水军的战略性决战。孙刘联军扬水战之长，巧施火攻，以少胜多，以弱胜强。

草船借箭

【本经】

进而不可御者，冲其虚也；退而不可追者，速而不可及也。故我欲战，敌虽高垒深沟，不得不与我战者，攻其所必救也；我不欲战，画地而守之，敌不得与我战者，乖其所之也。

【译文】

部队进攻而敌方不可抵御，那是因为冲在了敌人的薄弱环节；部队撤退而敌人不可追击，那是因为行动神速，敌人追之不及。所以我方想与敌方交战，敌方即使高筑防御工事也不得不出来与我方交战，是因为我方攻击的是敌方必须要救援的地方；我方不想同敌方交战，只要在地上画个界线便可作为防守之地，敌方便无法与我方交锋，是因为我设方诱导敌方产生并实施了错误的思想。

【评析】

这段话讲述了怎样在战争中赢取主动权，战与不战都为我所欲，即使逃也要行动迅速，使敌人追之不及。“攻其所必救”“乖其所之”都可以调动敌人，使其受我军摆布。在作战中要攻就攻其要害，或焚毁其粮草，或切断其退路，或掐断其援兵，从而牵制敌方军队，为我方军队制造有利的进攻形势，将难击之敌转变为易攻之敌。

围魏救赵的指挥者孙膑像

李秀成

太平天国时期，1858年，清军集优势兵力围攻太平天国的中央政权所在地——天京（今南京），太平军在兵力上明显处于劣势，若与之硬拼无疑是以卵击石。于是李秀成与李世贤决定转移清军的视线，先出兵攻打杭州，切断清军的粮路，清军必派出兵力支援杭州，这样天京的太平军便可突围。太平军攻下杭州后，清军忙调遣兵力，回救杭州，给天京的太平军突围带来机会。太平军与敌巧妙周旋，声东击西，最后攻克江南大营，天京之围遂解。

【本经】

故形人而我无形，则我专而敌分。我专为一，敌分为十，是以十攻其一也，则我众而敌寡。能以众击寡者则吾之所与战者，约矣。吾所与战之地不可知，不可知，则敌所备者多；敌所备者多，则吾所与战者，寡矣。故备前则后寡，备后则前寡，备左则右寡，备右则左寡。无所不备，则无所不寡。寡者，备人者也；众者，使人备己者也。

【译文】

因此示敌以假象而我方不露真实情况，我方就可以集中兵力而敌方势必分散兵力。我方集中兵力为一处，敌方却分散兵力为十处，这就形成局部的以十攻一的态势，我方就兵力多而敌方就兵力少了。我方能做到以优势兵力对付劣势兵力，与我方交战的敌人就少了。我方与敌方交战的地点敌方是不知道的，敌方不知道交战的地方，要防备的方面就多；敌方防备的方面多了，在局部与我方交战的敌兵就少了啊。着重防备前方，后方就薄弱；着重防备后方，前方就薄弱；着重防备左翼，右翼就薄弱。着重防备右翼，左翼就薄弱。无处不防备，那就无处不薄弱。造成兵力薄弱的原因，就是处处设防；形成兵力集中的优势，在于迫使敌方处处防备我方。

【评析】

“形人而我无形，则我专而敌分”，这是“兵者，诡道也”的具体应用。在敌人面前要广泛“示形”，以达到迷惑敌人的目的，从而使敌人暴露行迹，进而使我方了解敌方的动机。在我方来说要做到“无形”，向敌人展示的是假象，而我方的真实情况隐藏得很深，不易被敌人看穿。孙子认为，做到以上两点，便可做到“我专而敌分”，以我军十倍于敌军的优势兵力攻打敌方，逐一击破。233年，蜀国丞相诸葛亮智平进犯蜀国的五路大军便是料敌制胜的著名战例。

【本经】

故知战之地，知战之日，则可千里而会战。不知战地，不知战日，则左不能救右，右不能救左，前不能救后，后不能救前，而况远者数千里，近者数里乎！以吾度之，越人之兵虽多，亦奚益于胜哉！故曰：胜可为也。敌虽众，可使无斗。

吴军在夷陵一带挫败蜀军进攻的一场战役。吴军后退诱敌，击其疲惫，创造了由防转攻的成功战例。

诸葛亮巧布八阵图

【译文】

因此预先知道作战的地点，知道作战的时间，哪怕奔赴千里也可如期会合交战；不预先了解作战地点，不知作战时间，那就会陷入左翼也难救右翼、右翼也难救左翼、前军难救后军、后军难救前军的被动局面，更何况在远则相隔几十里、近则相隔几里的范围内部署作战呢！依我推测，越国的兵力虽然多，但对于胜利又有何益处呢！所以说：胜利是可以争取的。敌人兵力虽多，也可分散其兵力使他们无法参与战斗。

【评析】

作战时，施以“我专而敌分”的战术，将敌方分割开来，我方就可主动确定作战时间和地点，即使是奔赴千里之外，也能如期会战。敌人若被动受制，就会分兵设防，而且无法确定具体的作战时间和地点，即使是前、后、左、右各部之间，也难以相互救援，各部之间就变成了孤立分散的弱旅。这样，虽然敌方整体上兵力很多，但被分割为各个小块，交锋时其他各部就无法参与战斗，我方就赢得了优势。

【本经】

故策之而知得失之计，作之而知动静之理，形之而知死生之地，角之而知有余不足之处。

【译文】

因此分析研究对方的情况可得知对方计谋的得失，触动敌人可了解敌人的行动规律，示形诱敌可知敌人战地各处是否利于攻守进退，小规模地与敌试探性较量可知敌人兵力部署的有余或不足等虚实情况。

空城计

【评析】

孙子认为，交战时己方可以试着刺探敌方的情况，通过分析算计、挑动引逗、示形诱敌、小股试探来获知敌方的强弱虚实等情况，分析敌人的薄弱环节，掌握其行动规律，据此制定出克敌的作战计划。

【本经】

故形兵之极，至于无形；无形，则深间不能窥，智者不能谋。因形而措胜于众，众不能知。人皆知我所以胜之形，而莫知吾所以制胜之形。故其战胜不复，而应形于无穷。

【译文】

因此把以假象迷惑敌人的方法运用到极致，就会不露一丝真迹使人无形可窥；使人无形可窥，即使深藏于我军的间谍也不能窥测到实情，使很有智谋的敌军将领也无法设谋。以假象迷惑敌人的“示形”方法取得的胜利放置在众人面前，众人不能理解其中的奥秘所在。众人都知道我取胜的外在作战状况，而没有谁了解我取得胜利所用的内在方略。因为我取胜的谋略方法不会重复，而随着敌情变化所采取的应变方法是无穷无尽的。

【评析】

战争是一门艺术，既是诡秘的，又是善变的。一份好的作战计划，这次赢得了战争，不一定下次也会取胜。因为，战事是变化的，

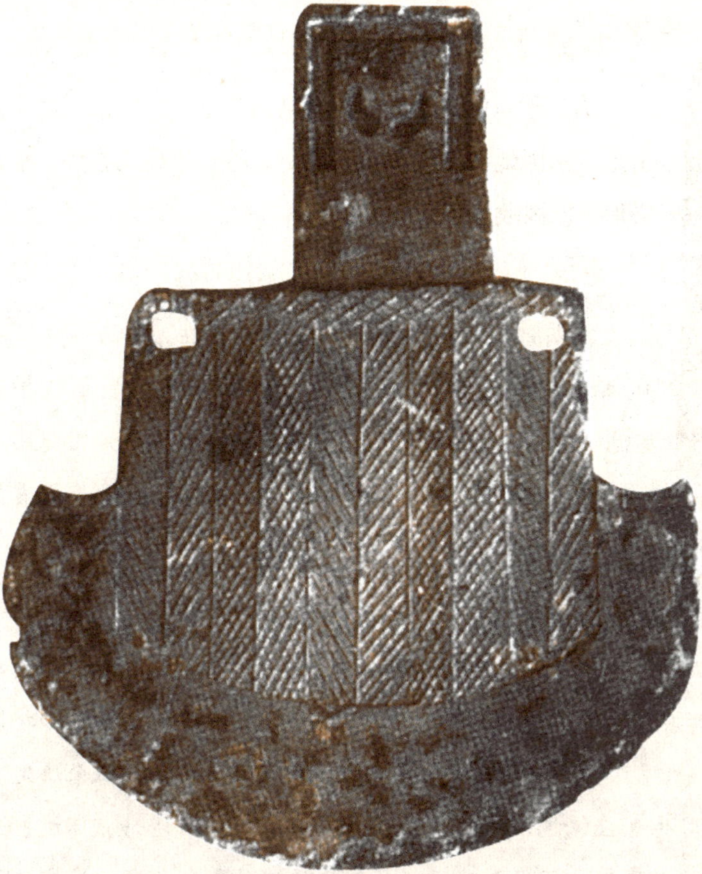

商代青铜钺

这次战争与下次战争所处的环境与形势是不同的。因此，孙子提出了“战胜不复”的思想，主张对待不同的战争采用不同的策略，要做到因形制胜，根据不同的战时、不同的战地、不同的敌人，采取不同的策略。在不同的作战环境，制定适合本次战争的计划，灵活机动地指挥战争。

吴王夫差矛

【本经】

夫兵形象水。水之形，避高而趋下；兵之形，避实而击虚。水因地而制流，兵因敌而制胜。故兵无常势，水无常形。能因敌变化而取胜者，谓之神。

【译文】

用兵的情况有如流水。流水的特性，是避开高处趋向低处；用兵的特性，是避开实处攻击虚处。水流根据地形决定流向，用兵根据敌情采取制胜方略。因此战争无固定不变的态势，流水无固定不变的形态。能随着敌情发展变化而采取灵活措施取胜的人，可称为神。

【评析】

孙子在这里，以水做形象的比喻，来说明用兵的变化，能因形而变取胜的人，才称得上是用兵如神。

“兵无常势，水无常形”，水会因地势的高低来决定其流向，用兵也应像流水一样，以实际作战的时间、地形、环境、敌我双方的军事实力情况等为根据，做出适宜的判断，拿出切实的计划。但这种变化又不是没有依据随意变化的。自然界的水流总是自高而下流去，这是亘古不变的规律，那么用兵也有章可循，那就是“因敌而制胜”，即避实而就虚。攻打对方就要避开其防备森严的地方，突袭其防卫薄弱的环节。

【本经】

故五行无常胜，四时无常位，日有短长，月有死生。

【译文】

所以金、木、水、火、土这五种物质相生相克，没有哪一个能常胜；四季相继相代，没有哪一个固定不移，白天的时间有长有短，月

围魏救赵 战国时，魏将庞涓率军围攻赵国都城邯郸。赵求救于齐，齐王命田忌、孙膑率军往救。孙膑认为魏军主力在赵国，内部空虚，就带兵攻打魏国都城大梁，因而，魏军不得不从邯郸撤军，回救本国，路经桂陵要隘，又遭齐兵截击，几乎全军覆没。

亮有晦也有明。

【评析】

五行在古代就是指水、木、金、火、土五种物质。它们是相生相克的，永远都在发展变化，无论哪一个都不能永久地占据主导地位。四季变化，昼夜长短，月圆月缺，也是如此。世间万物都没有恒定的。这是比喻在战场上，无论多么强大的对手，无论多么高明的智谋，都会有弱点、薄弱环节，所以，高明的将帅总能找到克敌制胜的方法。孙子是以“五行”“四时”“日月”，来暗喻要采用灵活、机智、应变的用兵之道。

军争篇

【本经】

孙子曰：凡用兵之法，将受命于君，合军聚众，交和而舍，莫难于军争。军争之难者，以迂为直，以患为利。故迂其途，而诱之以利，后人发，先人至，此知迂直之计者也。

【译文】

孙子说：大凡用兵打仗的规律是，将帅向君主领受命令，召集民众，组编军队，直到与敌军两相对垒，这期间没有什么比两军相对争夺制胜条件更难的了。两军相对争利之所以难，就难在以迂回的手段达到直接的目的，就难在化祸患为有利。所以，设法走迂回之路，并以小利引诱敌人，虽后于敌人出发，却先于敌人到达目的地，了解这个才是真正懂得变迂为直谋略的将帅。

【评析】

唐骑马射雕俑

孙子在这里指出，用兵之难难在“军争”。克服“军争”之难，要善于“以迂为直”“以患为利”。“迂”，即指迂回敌人的行军路线，给敌人以小利，使之疑惑停滞，转移敌人的注意力，让他摸不清我军意欲何为，这样就能做到在敌人后面起步，却先于敌人到达目的地，争取在战争中处于有利地位。

我们在工作生活中处理事物时也可用到迂回战术，在直接途径下如果达不到预定的效果时，不如调整一下战略思路，采取一些迂回的方式去努力，也许会收到意想不到的效果。

【本经】

故军争为利，军争为危。举军而争利，则不及；委军而争利，则辎重捐。是故卷甲而趋，日夜不处，倍道兼行，百里而争利，则擒三将军，劲者先，疲者后，其法十一而至。五十里而争利，则蹶上将军，其法半至。三十里而争利，则三分之二至。是故军无辎重则亡，无粮食则亡，无委积则亡。

【译文】

因此军争是有利的，军争也是危险的。全军带着全部辎重装备去争利，就会因行动迟缓而不能及时到达会战地点；全军舍弃笨重器械去争利，那么辎车又白白损失了。因此如果让战士卷起铠甲轻装快跑，日夜不停，以加倍的速度兼程行进，奔袭百里去争利的话，上、中、下三军的将领则都可能为敌军所擒，精悍的士卒在前面，疲弱的士卒在后面，按通常规律只有十分之一的人能到达目的地。奔赴五十里去争利的话，那么前军将领必然受挫，按通常规律只有一半人能到达会战地点。急行三十里去

战国秦骑马武士俑

争利的话，只有三分之二的人能到达会战地点。因而，军队没有辎重装备就会失败，军队没有粮食就会失败，军队没有物资储备就会失败。

【评析】

孙子在这里揭示了进行“军争”所带来的利与害。在战场上，必须将双方的利弊做全面综合的分析，列出哪些因素于我是有利的，于敌是有害的，然后依据趋利避害的原则设谋用兵，以我军最低的损失来换取敌方最大程度的损耗。

兵家推崇“先胜而后战”。这要求在作战之前，先创造有利于自身，不被敌人战胜的条件。它包括精确地分析制胜之利和致败之危，这是战前必须要做的准备工作。如果不进行这一环节，则可能陷入盲目作战、被动作战的局面。所以，孙子提出的“军争为利”和“军争为危”，为历代兵家所赞赏。

【本经】

故不知诸侯之谋者，不能豫交；不知山林、险阻、沮泽之形者，不能行军；不用乡导者，不能得地利。故兵以诈立，以利动，以分合为变者也。

【译文】

因此不了解一个诸侯国的谋划，就不能和他结成联盟；不知道山林、险阻和沼泽的地形分布，就不能行军；不使用向导，就不能掌握和利用有利的地形。因此用兵是凭借施诡诈出奇兵而获胜的，是根据获利

三令五申 传说吴王阖庐看完《孙子兵法》后，召集了180名宫中美女，请孙武训练。孙武再三命令和告诫，宫女们依然不肯听令，于是孙武不顾吴王苦苦哀求，将两名队长推出斩首。这就是成语“三令五申”的由来。

多少决定是否行动的，处理兵力分散与集中的问题，要根据战场情势变化战术。

【评析】

这段话主要强调了“以利动”的作战指导原则，即要根据能否获取特定的利益来指导所要采取的行动方针。两军交战，其最终是以使对方屈服或消灭对方为目的的。因此，交战双方都想寻求、创造制服对方的机遇，哪方一旦露出弱点，让对方感到有机可乘，另一方便会乘虚而入，打败对方。如果在没有发现有利益可趋的情况下，就贸然进兵，则属于盲目混战，必然会损失惨重。

“以利动”虽然理解起来很容易，但在实际应用当中却很难把握。在复杂而激烈的战事中，往往很难鉴别和把握其利，将帅要具有敏锐的观察力、灵活的反应力、超前的预见力和综合的分析力。要多方面分析、思考、预测，才能做到避实就虚、趋利避害，把握先机。

【本经】

故其疾如风，其徐如林，侵掠如火，不动如山，难知如阴，动如雷震，掠乡分众，廓地分利，悬权而动。先知迂直之计者胜，此军争之法也。

【译文】

所以部队行动迅速时要犹如狂风飞旋，行进缓慢时要犹如森林一样始终不乱，攻城略地时要犹如烈火般迅猛，驻守防御时要犹如大山肖然，军情隐蔽时要犹如乌云蔽日不可测，大军发动攻击时要犹如雷霆万钧猛击，夺取乡间物资掳掠百姓应分给有功者，开拓疆土将土地分给功臣，比较利害、权衡轻重，根据实际情况，相机行事。只有事先知道"迂直之计"的将帅才能够获胜，这就是军争的原则。

【评析】

孙子连用了6个比喻来说明强大的军队应该具备的素质。他指出军队应该"疾如风，徐如林，侵掠如火，不动如山，难知如阴，动如雷震"，这些素质是军队要呈现出来给人看的，其中强调了从将帅到

梁红玉击鼓战金兵

步卒应具备灵活、迅速的特征。因为在面对强敌时，灵活多变的战术以及神速的战略移动，都是提升作战胜利概率的因素。

【本经】

《军政》曰：“言不相闻，故为金鼓；视不相见，故为之旌旗。”夫金鼓旌旗者，所以一人之耳目也。人既专一，则勇者不得独进，怯者不得独退，此用众之法也。故夜战多火鼓，昼战多旌旗，所以变人之耳目也。

【译文】

《军政》说：“在战场上用语言来指挥，听不清或听不见，所以设置了金鼓；用手势来指挥，看不清或看不见，所以设置了旌旗。”金鼓、旌旗，是用来统一士兵的视听，统一作战行动的。既然士兵都服从统一指挥，勇敢的将士就不会单独前进，胆怯的也不会独自退却，这就是指挥大军作战的方法。所以夜间作战多处点火频频击鼓，白天打仗要多处设置旌旗，这些都是为了扰乱敌人的视听而设置的。

【评析】

古时作战，常用金鼓和旌旗作为将帅命令的传达器。将帅用击鼓的强弱快慢来引导战士的进与退，用旌旗的挥动来指导战士的进攻方向、作战位置等。它们可以说是人的语言和形体的传达器。这种统一的传达，取决于将帅敏锐的判断力，也决定于战士的理解力和反应力。只有将二者协调统一起来，才能将纷乱的士兵集中起来，把将帅的意志融合到士兵的行动中去，才能完成有效的指挥。战士要对军令、军规熟知于心，精通各种变化的军阵，才能配合将帅很好地发挥金鼓、旌旗的作用，从而使将帅与士兵的步调保持一致。

【本经】

故三军可夺气，将军可夺心。是故朝气锐，昼气惰，暮气归。故善用兵者，避其锐气，击其惰归，此治气者也。以治待乱，以静待哗，此治心者也。以近待远，以佚待劳，以饱待饥，此治力者也。无

秦始皇兵马俑 战国时期的秦军是当时最强大的军队，几乎战无不胜。兵马俑展示出来的气势，仍使人追忆当时的无敌之师。

邀正正之旗，无击堂堂之陈，此治变者也。

【译文】

对于敌方三军可以挫伤其锐气使其丧失士气，对于敌方的将帅可以动摇他的决心使其丧失斗志。所以一般来说，战争初期时（朝，原指一日之初，这里指代初战）士气饱满旺盛，等战争持续一段时间则人困倦而气亦怠惰，战至后期则人心思归，士气完全衰竭。所以善于用兵的人，总是避开敌人锐气旺盛的时候，等敌人士气衰竭时才发起猛攻，这是从士气上压制、战胜敌人的办法。以严阵以待的我军来对付军政混乱的敌军，以沉着冷静的我军来对付浮躁喧乱的敌人，这是从心理上压制、战胜敌人的办法。以我就近进入战场而待长途奔袭之敌，以我休整安逸对仓促疲劳之敌，以我饱食之师对饥饿之敌，这是从体力上制服、战胜敌人的办法。不要去迎击旗帜整齐、部伍统一的军队，不要去攻击阵容整肃、士气饱满的军阵，这是以权变对付敌人的办法。

【评析】

一支战斗力很强的军队，从士气上就能体现出来。士气是军队精神和意志的集中体现。整个军队军心一致，锐气逼人，那么必定会在战争中有良好的表现，甚至会创造奇迹。因此，孙子很重视士气在作战中所起的作用，指出当敌军士气高昂、精力旺盛的时候，就要避开其锋芒，不与之

秦始皇兵马俑之将军俑

交战。同时，他还强调，己方要设法扰乱敌方军心，挫伤其士气，动摇其将帅的决心。此外，在远途作战时，还要注意的是以逸待劳，以饱敌饿，这样我军就能在体力上占据优势。孙子提出，在给敌人制造混乱的同时，自己要保持严整的军容、统一的管理，不能自乱阵脚。这样才能临敌而不慌，无论在进攻还是防御时，都能从容应对。

【本经】

故用兵之法：高陵勿向，背丘勿逆，佯北勿从，锐卒勿攻，饵兵勿食，归师勿遏，围师必阙，穷寇勿迫。此用兵之法也。

【译文】

所以用兵打仗的原则是：对于占据高地的敌人不要去仰攻它，对于背靠山丘的敌人不要去迎击它，对于假装败逃的敌人不要去跟踪追击它，敌人的精锐部队不要强攻，敌人的诱饵之兵不要贪食，对正在向本土撤退的部队不要去阻截，对被包围的敌军要预留缺口，对于陷入绝境的敌人不要逼迫太甚。这些就是用兵打仗的原则。

秦代兵士

【评析】

在本篇末尾，孙子提出了八大用兵原则，即“高陵勿向，背丘勿逆，佯北勿从，锐卒勿攻，饵兵勿食，归师勿遏，围师必阙，穷寇勿追”。指出用兵作战要认清形势，辨别对方的真实意图，不要贪图小利，以免带来不必要的损失。另外，在进攻敌人时，还要做到恰如其分，必要时得网开一面，根据不同的情形做出不同的举动。

九变篇

【本经】

孙子曰：凡用兵之法，将受命于君，合军聚众。圮地无舍，衢地交合，绝地无留，围地则谋，死地则战，途有所不由，军有所不击，城有所不攻，地有所不争，君命有所不受。

【译文】

孙子说：大凡用兵打仗的原则是，将领接受国君的命令，召集人马组建军队。在难于通行之地不要驻扎，在四通八达的交通要道要与诸侯结交，在难以生存的地区不要停留，在四周有险阻容易被包围的地区要精于谋划，误入死地则须坚决作战，有的道路不宜通过，有些敌军不要去攻击，有些城池不要去攻占，有些地域不要去争夺，即使是君主的命令在某些情况下也可以不接受。

【评析】

作战时会出现很多变数，形势复杂多变，往往非人力所能预测。关键是在面对各种情形时，能灵活机动地思考问题，排疑解难。要做到“因地”“因情”“因势”而论。孙子指出了在各种地形情况下，应采取的不同对策。此外，一切行动都要因势而变。在战事中，要以全局、整体利益为重，要明确地分析“不由”“不击”“不攻”“不争”“不受”的各种情况，这些都要以现实利益为着眼点。能慎重而灵活地做出适时的举动，才是取得胜利、减少损失的最佳方式。

224年，魏王派大将曹爽带军讨伐蜀国，途中魏军需穿过骆谷。

曹爽行至兴势山时，发现该山已被蜀军占据。若要进山，则要仰攻蜀军，但这样没有十足的把握取胜，再加上如若被敌人断了退路，则有来无回，此行实属冒险。于是未等通报魏王，曹爽便果断下令全军撤退。在撤退途中，魏军探知果然已有部分蜀军正向后方的三岭地区移动。曹爽于是率领魏军抄小道避开蜀军的拦截，安然撤兵。

三国时魏国大将曹爽

【本经】

故将通于九变之利者，知用兵矣；将不通于九变之利者，虽知地形，不能得地之利矣；治兵不知九变之术，虽知五利，不能得人之用矣。

【译文】

所以将帅能够通晓各种不同的地形条件下变换战术的好处，就是懂得用兵了；将帅没有通晓各种不同的地形条件下变换战术的好处，就算熟悉地形，也不能得到地形之利；指挥作战如果不懂各种不同的地形条件下变换战术的方法，即使知道“有的道路不宜通过”等“五利”，也不能充分发挥部队的战斗力。

【评析】

孙子强调的“九变”，并不能孤立地理解为九种变化的战术，而是指任何因势而变、机动灵活的行动举措。他指出任何完美的理论、主义、原则、方针、策略等都得靠机变的行事、灵活的运用，不能墨守成规。在交战之前，将帅要对作战地形、敌情等情况做调查研究，分析有利因素，采取相应的处理措施。将帅只有了解机变的权术，才能在战斗中充分发挥士卒们最大的战斗力，否则，即使将帅懂得“五利”也有失败的危险。

【本经】

是故智者之虑，必杂于利害。杂于利，而务可信也；杂于害，而患可解也。是故屈诸侯者以害，役诸侯者以业，趋诸侯者以利。

【译文】

所以智慧明达的将帅考虑问题，必然把利与害一起权衡。在不利的条件下看到有利的一面，事情就可以顺利进行；在有利的条件下看到不利的一面，祸患便可及早排除。所以要以祸患威逼诸侯屈服，以一些事来役使诸侯，用各种小利来引诱诸侯被动奔走。

【评析】

孙子指出：高明的将领在考虑问题时，一定会兼顾利与害两个方面。战争中的利与害是对立统一的关系，它深深地影响着将帅的意志和决策。将帅是全军的首脑，在作战时要统观全局，协调利害。将害转变为利，以利来回避害。如果在作战中只考虑到害，则会裹足不前，畏首畏尾，丧失良机；如果只考虑到利，则会麻痹大意，中敌之计，甚至损兵折将。

【本经】

故用兵之法：无恃其不来，恃吾有以待也；无恃其不攻，恃吾有所不可攻也。

【译文】

所以用兵打仗的原则是：不抱敌人不来进犯的侥幸心理，而要依靠我方的充分准备，严阵以待；不抱敌人不会攻击的侥幸心理，而要依靠我方坚不可摧的防御，使敌人无法进攻。

【评析】

这里要强调的是，在任何时候、任何情况下都不要存有侥幸心理。主观的猜想、预见往往会出现误差，自身要具备积极的备战意识，做好充分的战斗准备，使自己无懈可击。这段话仍是要说明在作战时要发挥主动性，把主动权掌握在自己手中，才能在战争中游刃有余。

【本经】

故将有五危：必死，可杀也；必生，可虏也；忿速，可侮也；廉洁，可辱也；爱民，可烦也。凡此五者，将之过也，用兵之灾也。覆军杀将，必以五危，不可不察也。

【译文】

所以将领有五种弱点是致命的：勇而无谋，一味死拼，则可能被诱杀；临阵畏缩，贪生怕死，则可能被俘虏；性情暴躁易怒，刚忿偏急，则可能受敌轻侮而失去理智；过分洁身自好，珍惜声名，则可能会被流言中伤而引发冲动；过于爱护民众，则可能因敌方的扰民而陷于被动。上面这五种情况，都是将领素质上的缺陷，是为将的大忌。军队覆没，将领牺牲，必定是由这五种弱点引起的，不可不认真研究。

【评析】

将帅在军队中起着极其重要的作用，孙子在开篇就曾提到："将者，国之辅也。辅周，则国必强；辅隙，则国必弱。"这里，孙子又指出了将帅身上可能具有的五种缺陷：有勇无谋、躁畏葸疑惧、浮躁易怒、矜于名节、过于仁慈。这些缺陷，如果为敌人所利用，就会给军队带来灾难，导致战争的彻底失败。

行军篇

【本经】

孙子曰：凡处军、相敌：绝山依谷，视生处高，战隆无登，此处山之军也。绝水必远水；客绝水而来，勿迎之于水内，令半济而击之，利；欲战者，无附于水而迎客；视生处高，无迎水流，此处水上之军也。绝斥泽，惟亟去无留，若交军于斥泽之中，必依水草而背众树，此处斥泽之军也。平陆处易，而右背高，前死后生，此处平陆之军也。凡此四军之利，黄帝之所以胜四帝也。

宋襄公假仁失利 公元前638年，宋楚战于泓水，楚兵强大，但襄公大讲"仁义"，要待楚兵渡河列阵才肯进攻，结果宋师大败。

【译文】

孙子说：概括说来在各种不同地形条件下用兵和观察判断敌情时应该注意：穿越山岭必须靠近山谷行进，驻扎军队要选择居高向阳的地方，敌人占领高地就不要对其进行仰攻，这是在山地用兵的原则。渡过江河后，应在离水流稍远的地方驻扎、准备；敌人渡水来战，不要在江河中迎击，而要等它渡过一半还有一半未渡时再攻击，这样才有利；如果要同敌人决战，就不要紧靠水边列阵；要选择高而向阳处列阵，不要处于下游而逆着水流布阵或驻扎，这是在江河地带用兵的原则。穿越盐碱沼泽地带，要迅速通过，不要滞留；如果同敌军相遇于盐碱沼泽地带，一定要选择依傍水草而背靠树林之地，这是在盐碱沼泽地带用兵的原则。在平原旷野上要驻扎在平坦的地方，侧翼要依托高地，前低后高，这是在平原地带用兵的原则。以上四种“处军”原则的正确应用，就是黄帝之所以能战胜四方之帝的原因。

【评析】

本段强调的是在行军途中“处军相敌”所要依据的原则。孙子概括了四种常见的处置军队的原则。在他提到的四种不同地形的驻兵方式中，所要依据的原则是不变的，那就是抢得先机，依托有利地形，克服地形障碍与限制，争取有利的作战条件。

【本经】

凡军好高而恶下，贵阳而贱阴，养生而处实，军无百疾，是谓必胜。丘陵堤防，必处其阳，而右背之，此兵之利，地之助也。上雨，水沫至，欲涉者，待其定也。凡地，有绝涧、天井、天牢、天罗、天陷、天隙，必亟去之，勿近也。吾远之，敌近之；吾迎之，敌背之。军行有险阻、潢井、葭苇、山林、蘙荟者，必谨覆索之，此伏奸之所处也。

【译文】

失街亭的马谡

大凡驻军总是喜欢干燥的高地而避开潮湿的洼地，重视向阳之处而避开阴暗之地，靠近水草地区，军需供应充足且将士不生百病，这样就有了胜利的保证。在丘陵地带行军，必须占领它向阳的一面，并背靠着它，这些对于用兵有利的措施，是利用地形作为辅助条件的。上游下雨，洪水突至，若要渡河，应等待水流平缓下来再过。凡是遇到或通过“绝涧”“天井”“天牢”“天罗”“天陷”“天隙”等几种地形，则必须迅速离开，不要接近。我军应该远离这些地形，而让敌人去靠近；我军应面向这些地形，而让敌人背靠着这些地形。军队行进中如果遇到有艰难险阻之处、长满芦苇的低洼地、草木茂密的山林地，一定要谨慎小心，审察搜索，因为这些地方往往是奸细伏兵的藏匿之处。

【评析】

这一段话讲述的是在行军途中要重视地形、熟悉地形、了解地形的利弊。孙子指出，军队在驻扎时，要选择干燥向阳的高地，有水源的话要靠近水草，因为这里物资丰富，供应充足，将士不易生病，占据了这些有利条件，就有了胜利的保证。在行军过程中，如遇到险峻的隘路、低洼的湖沼、密布的水网、茂盛的芦苇、深山老林和草木茂盛的地方，必须对四周反复谨慎地察探，因为这些是敌军容易埋设伏兵或隐伏奸细的地方。

马谡被围 马谡因扎营位置不对，结果被曹魏军包围，丢失了街亭。

【本经】

敌近而静者，恃其险也；远而挑战者，欲人之进也；其所居易者，利也；众树动者，来也；众草多障者，疑也；鸟起者，伏也；兽骇者，覆也；尘高而锐者，车来也；卑而广者，徒来也；散而条达者，樵采也；少而往来者，营军也；辞卑而益备者，进也；辞强而进驱者，退也；轻车先出，居其侧者，陈也；无约而请和者，谋也；奔走而陈兵车者，期也；半进半退者，诱也；杖而立者，饥也；汲而先饮者，渴也；见利而不进者，劳也；鸟集者，虚也；夜呼者，恐也；军扰者，将不重也；旌旗动者，乱也；吏怒者，倦也；粟马肉食，军无悬缶，不返其舍者，穷寇也；谆谆翕翕，徐与人言者，失众也；数赏者，窘也；数罚者，困也；先暴而后畏其众者，不精之至也；来委谢者，欲休息也。兵怒而相迎，久而不合，又

战国铜弩机部件

不相去，必谨察之。

【译文】

敌人离我军很近却很镇静，是因为据有险要的地形；敌人离我军很远却前来挑战，是想诱我军前往；敌人居平易之地，一定是因为这样做对他有好处；前方许多树木摇动，那是敌人隐蔽前来；草丛中到处是伪装、障碍，那是敌人布下的疑阵；鸟儿惊飞而起，下面必有伏兵；野兽惊骇逃窜，那是敌人前来偷袭；前方尘埃飞扬得高而集中，那是敌人的战车驶来了；尘埃飞扬得低而分散，那是敌人的步卒来了；尘埃零散而丝丝缕缕的，那是敌人在打柴；尘埃飞扬得少且此起彼落，那是敌军在察看地形，准备扎营；敌人使者言辞谦卑而部队却加紧备战，是敌军企图向我进攻；敌人使者言辞强硬而先头部队又显示出挥师进攻的架势，那是敌军在准备撤退；敌人的战车先出据军营侧翼，是在布阵；没有陷入困屈之境却来请和的，是另有奸谋；敌人士卒往来奔跑兵车布好阵形，说明敌人期待与我们决战；敌人似进非进，半进

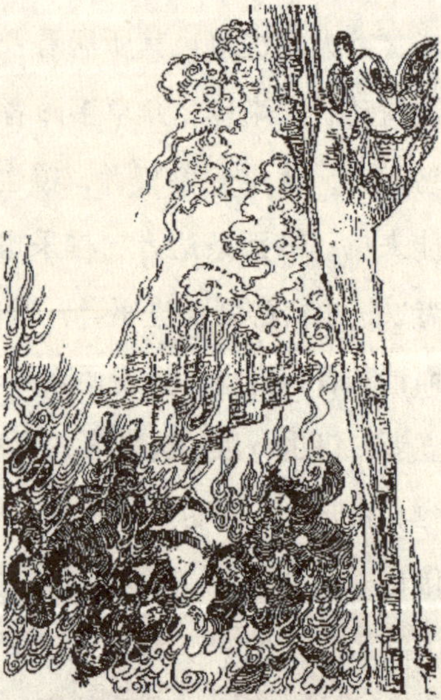

诸葛亮火烧藤甲兵

半退的，是企图引诱我军；敌兵倚着兵器而站立，是饥饿的表现；供水兵打水自己先饮，是干渴的表现；敌军见到明显的利益而不前来取，是疲劳的表现；敌人营寨上聚集成群鸟雀，那下面必是空营；敌军夜有惊叫声，是军心恐慌的表现；敌营惊扰纷乱的，是敌将没有威严的表现；敌人旌旗摇动不整齐的，是敌人队伍已经混乱的表现；敌人军官易怒的，是全军疲倦的表现；敌人以粮食喂马，杀马吃肉，收拾起汲水器具，部队不返回营房的，那是处于穷途末路的表现；敌将低声下气同部下讲话，那是敌将失去人心的表现；再三实行犒赏，是已处于窘迫之境，恐士众叛离的表现；再三处罚部属的，是陷于困弊之境，希图以罚立威的表现；敌将先对士卒暴虐，后又畏惧士卒叛离，是最不精明的将领的表现；派来使者送礼言好，是敌人想休兵息战的表现。敌人逞怒而来同我对阵，却久不交战，又不撤退，必须仔细审察。

【评析】

孙子在这里阐述了要善于通过细节审察敌人的真实意图。他指出可以通过多种表现来判断敌军的动向及其内部情况。其实可供观察的表象何止这些，精明的将帅透过敌方的一点小举动就能窥测出敌人下一步将要采取什么行动，这些现象是无法罗列完的，所以只要细心观察，就会有所收获。

通过对这些现象的观察，我军可以采取两方面的行动：一方面是进攻敌人，另一方面是防御敌人。根据敌军的表现，我们可以判断敌人的动向，采取主动的策略调动敌人，在他行动之前，我们就捷足先登，主动进攻。在防御方面，可以通过敌军的表现，窥测他的意图，实施积极的防御措施，即使是敌人突袭而来，也能够抵御。

高明的军事家会做到“料敌如神”，因为他们有敏锐的观察力。他们不仅能察觉敌人的动向，判断其行动目标，也能透过敌人周围的事物，间接了解敌方的意图。敌人周围的事物，可以将敌人的状态或动向表现出来，但这要求观察者具备敏锐的推断力与丰富的作战经验。孙子在最后指出要注意识破敌人的诡计，对于敌人派来的使者也不能轻易相信，不能被其迷惑，要经过试敌来摸清他的真实意图。

【本经】

兵非益多也，惟无武进，足以并力、料敌、取人而已。夫惟无虑而易敌者，必擒于人。

【译文】

兵力并非越多越好，只要不轻敌冒进，并集中兵力、判明敌情、取得部下的信任和支持就足够了。既无深谋远虑而又轻敌的人，必定会被敌人俘获。

【评析】

孙子指出，作战不靠兵员数量的多少，而在于主将能否集中使用兵力、准确判断敌情。克敌制胜，不能恃勇轻进，要“慎战、并力、料敌、取人”，方可取胜。没有谋略而又轻视敌人的人一定会成为敌人的俘虏。

战场上的情况是复杂多变的，对于将领来说，可以创造各种条件来使自己赢取战争，关键要看能否把握利害，利用时机。在战争中，

淝水之战 兵在于精而不在于多。淝水之战，东晋以少胜多，打败了前秦。

要避实击虚，扬长避短，对于敌人的弱点，要引诱利用。

【本经】

卒未亲附而罚之，则不服，不服，则难用也；卒已亲附而罚不行，则不可用也。故令之以文，齐之以武，是谓必取。令素行以教其民，则民服；令不素行以教其民，则民不服。令素行者，与众相得也。

治军严明的周亚夫

【译文】

士卒还未亲近依附就施行处罚，士

周瑜火烧赤壁

卒就必然不服，不服，就难以调用；士卒已经亲近依附，但仍不执行军纪、军法，这样的士卒也不能用来作战。因而要用怀柔宽仁的政策使他们思想统一，用军纪、军法使他们行动一致，这样就必能取胜。平时就一贯严格贯彻法令，管教士卒，士卒就能养成服从的习惯；平时从来不严格贯彻法令，管教士卒，士卒就不会养成服从的习惯。平时法令贯彻执行得好，则表明将帅同士卒之间相处得融洽。

【评析】

这段所要介绍的是治军的一般原则，“令之以文，齐之以武”，也就是要以政治、教令来教育士卒，要以军纪、军法来统一管理。将士治军要依照一定的法度，治军有方就能获得士兵的拥戴，使其服从统一管理，这样的军队将士才能够相处融洽，这样的军队才能够百战百胜。在管理军队的过程中，将帅要宽与严并用、奖与罚共行。孙子要求将帅对士兵要宽厚仁慈，体恤下属，还要严格执行军规、军制，该罚则罚，用教令来约束士兵的行为。这一点是任何一支军队都应该具备的。

以少胜多的赤壁之战

地形篇

【本经】

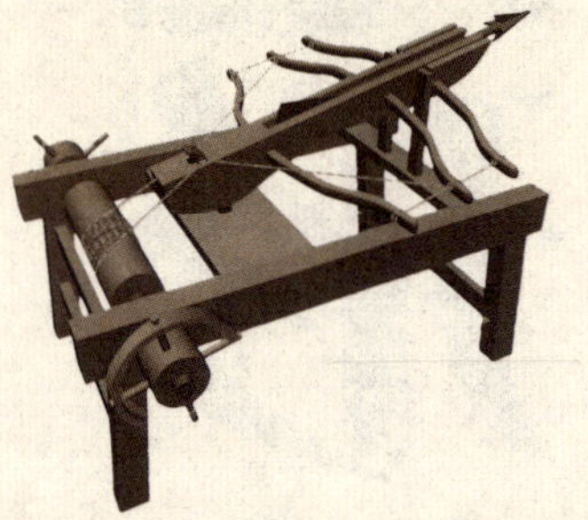

弩车复原图

孙子曰：地形有通者，有挂者，有支者，有隘者，有险者，有远者。我可以往，彼可以来，曰通。通形者，先居高阳，利粮道，以战则利。可以往，难以返，曰挂。挂形者，敌无备，出而胜之；敌若有备，出而不胜，难以返，不利。我出而不利，彼出而不利，曰支。支形者，敌虽利我，我无出也；引而去之，令敌半出而击之，利。隘形者，我先居之，必盈之以待敌；若敌先居之，盈而勿从，不盈而从之。险形者，我先居之，必居高阳以待敌；若敌先居之，引而去之，勿从也。远形者，势均难以挑战，战而不利。凡此六者，地之道也，将之至任，不可不察也。

【译文】

孙子说：地形有“通”“挂”“支”“隘”“险”“远”等六种。我军可以去，敌人可以来，这样的地域称为“通”。在“通”形地域作战，应抢先占取开阔向阳的高地，保持粮道畅通，这样对作战才有利。前往容易而返回艰难的地域，称为“挂”。在“挂”形地域作战，假如敌人没有防备，我军就能突击取胜；假如敌人有防备，出击便不能取胜，而且难以回师，这就不利了。我军出击不利，敌人出击也不利的地域，称作“支”。在“支”形地域作战，敌人即使以利诱我，我军也不能出击；应该率军假装退却，诱使敌人从“支”形地区出来一半时突然回师反击它，这样才有利。在两山间有狭窄通谷的“隘”形地区作战，我军应该抢先占领隘口，并用重兵封锁隘口，以等待敌人的到来；如果敌人已先占据了隘口，并用重兵把守，我军就不要去进攻，如果敌人只占据了隘口一部分，并未布兵阵全部封锁，就可以进攻。在地势险峻、行动不便的“险”形地区作战，如果我军先占据“险”地，就必须控制开阔向阳的高地，以等待敌人来犯；如果敌人先占据了“险”地，就应该率军撤离，不要去攻打它。在路途遥远的“远”形地区作战，敌我双方地势均同，难以挑战引敌，无论哪一方挑战都不利。以上这六个方面，是利用地形条件的原则，掌握这些原则，是将领们至关重要的责任，不能不认真地考察研究。

【评析】

本段中孙子列举了在行军据地途中对各种地形的利用原则。他概括了六种，即“通”“挂”“支”“隘”“险”“远”。他指出将帅要通过分析地形，来部署军队，利用地形条件为己方争取作战优势。在我军或敌军各自占据有利地势时，要采取不同的策略。这一点要根据地势条件，灵活应用，正确把握这六种用兵原则，是关乎军队存亡的重要责任，将领一定要仔细勘察。

【本经】

故兵有走者，有弛者，有陷者，有崩者，有乱者，有北者。凡此六者，非天之灾，将之过也。夫势均，以一击十，曰走；卒强吏弱，曰弛；吏强卒弱，曰陷；大吏怒而不服，遇敌怼而自战，将不知其能，曰崩；将弱不严，教道不明，吏卒无常，陈兵纵横，曰乱；将不能料敌，以少合众，以弱击强，兵无选锋，曰北。凡此六者，败之道也，将之至任，不可不察也。

关云长水淹七军 关羽，字云长，三国名将，有勇有谋。樊城之战，利用曹军将领于禁将部队驻扎在洼地的弱点，引水淹没曹军，活捉于禁，取得胜利。

【译文】

军队一般有“走”“驰”“陷”“崩”“乱”“北”六种失败的情况。这六种情况的发生，不是客观条件不好所造成的灾害，而是将领们的过失导致的。双方实力均等，却要以一击十，导致失败，叫作“走”；士卒强悍、将帅懦弱而造成士气松懈，导致失败，叫作“弛”；将帅强悍而士卒懦弱，以致战斗时畏缩不前，就像陷没地下，叫作“陷”；部将怨怒，不服从指挥，遇敌愤然擅自出战，主将又不了解他们能力不能加以控制，致使军队溃散，叫作“崩”；将帅懦弱，缺乏威严，不能严格约束部队，治军没有章法，官兵关系混乱紧张，列兵布阵杂乱无常而导致失败，叫作“乱”；将帅不能准确地判断敌情，以少击众，以弱敌强，行阵又无精锐的前锋而导致失败，叫作“北”。以上六种情况，均是军队失败的原因，了解并避免这些弊端，是将领们至关重要的责任，不能不认真地考察研究。

【评析】

在阐述了利用地形的基本原则之后，孙子又分析了导致战争失败的主观方面的原因。他指出战争之败，“非天之灾，将之过也”。失败的军队有六种情形，“走”“驰”“陷”“崩”“乱”“北”，我们可以分别概括为逃遁之军、废弛之军、失陷之军、崩溃之军、杂乱之军、溃败之军。这六种失败，在很大程度上是由将帅的过错造成的，这同时也是对前文所述的将帅所具有五种性格弱点的一种补充。他告诫将帅一定要避免这些过失，客观地分析地形条件，避免遭遇这六种败象。

【本经】

夫地形者，兵之助也。料敌制胜，计险厄远近，上将之道也。知此而用战者必胜，不知此而用战者必败。

【译文】

地形，是用兵打仗的辅助条件。判明敌情、制定制胜方略，考察研究地形的险厄远近，是高明的将领必须掌握的方法。懂得这些道理去指挥作战的就必定能够胜利，不了解这些道理去指挥作战的必定会失败。

【评析】

孙子认为地形是战争中可利用的外部辅助条件，仔细考察地形、地势，将其用于战争中，可以发挥重大的作用，有些险要的地形甚至能直接决定战争的胜负。懂得这些道理的将领，就是善于利用地形规律作战取胜的高明之士。在利用地形作战时，要把握的是充分利用地形的有利因素，并将有害因素转化为有利因素。

【本经】

故战道必胜，主曰无战，必战可也；战道不胜，主曰必战，无战可也。故进不求名，退不避罪，唯人是保，而利合于主，国之宝也。

【译文】

所以根据分析有必胜把握的，即使国君主张不战，主将坚持要战也是可以的；根据分析没有必胜把握的，即使国君主张战，主将决意不战也是可以的。所以战不谋求胜利的名声，退不回避违令的罪责，一心只求保全百姓，符合国君长远的根本利益，这样的将帅，才是国家的珍宝。

长平之战中坚守营垒不出的廉颇

【评析】

孙子强调，将帅要审时度势，分析战争胜利的条件。胜利条件充裕的战争，就要进行到底，哪怕是国君下令不战，主将力主要战也是情有可原的；胜利条件不充裕的战争，哪怕是国君坚持要战，而主将力主不战也是不悖朝纲的。只要主将不是以自己的私心私利为目的，而是以百姓利益、国家的长远利益为初衷，他的出发点就是正确的。一个国家能拥有这样的将帅，那就是这个国家的一笔宝贵的财富。

“将在外，君命有所不受”的吴起

【本经】

视卒如婴儿，故可与之赴深溪；视卒如爱子，故可与之俱死。厚而不能使，爱而不能令，乱而不能治，譬若骄子，不可用也。

【译文】

对待士卒就像关照婴儿一样备至，所以可与之共赴深渊而不畏艰险；对待士卒就像对待心爱的儿子那样关怀疼爱，所以可与之同生死共患难。如果对士卒厚待却不能委派，溺爱却不能指挥，违法而不能惩治，那就如同受娇惯的子女，是不可以用来同敌作战的。

【评析】

这里所论述的仍是治军的原则问题，强调了将领应该怎样对待士兵。将帅要体恤下属，爱兵如子，士卒就会与他同生共死，共赴危难而不惧。但体恤并不代表溺爱，体恤的目的是使士兵们在险难之时能挺身而出，身临险境而不退缩。如果爱兵过度，就会使军纪法令不能贯彻执行，培养出不堪使用的“骄兵”，最终对作战不利。

【本经】

知吾卒之可以击，而不知敌之不可击，胜之半也；知敌之可击，而不知吾卒之不可以击，胜之半也；知敌之可击，知吾卒之可以击，而不知地形之不可以战，胜之半也。故知兵者，动而不迷，举而不穷。

长平之战

【译文】

只了解自己的部队可以出击，而不了解敌人不可以攻击，取胜的概率只有一半；只了解敌人可以攻击，而不了解自己的部队不可以出击，取胜的概率也只有一半；知道敌人可以攻击，也知道自己的部队能出击，但是不了解地形不利于作战，取胜的概率仍然只有一半。因而熟知用兵之道的人，他的行动是准确果断的，他的举措是随机应变、变化无穷的。

爱兵如子、纪律鲜明的戚继光

【评析】

孙子指出决定战争胜负的因素除了敌我的军力因素外，客观的环境因素也不可忽视，只了解其中的一方面因素，而没有把各方面因素统一起来，必定不会有全胜的把握，往往是事倍功半。

【本经】

故曰：知彼知己，胜乃不殆；知天知地，胜乃不穷。

【译文】

因此说：了解对方也了解自己，就能胜利而不会失败；了解天时又了解地利，胜利就无穷无尽。

【评析】

战争总是在特定的时空内展开的，受到气候、地形等多种自然条件的影响，所以历代的兵家都很重视天时、地利。将帅不仅要“知彼知己”，还要“知天知地”，借助气候、天气、地形、时间等自然条件，制造有利条件，方能常胜不败。

九地篇

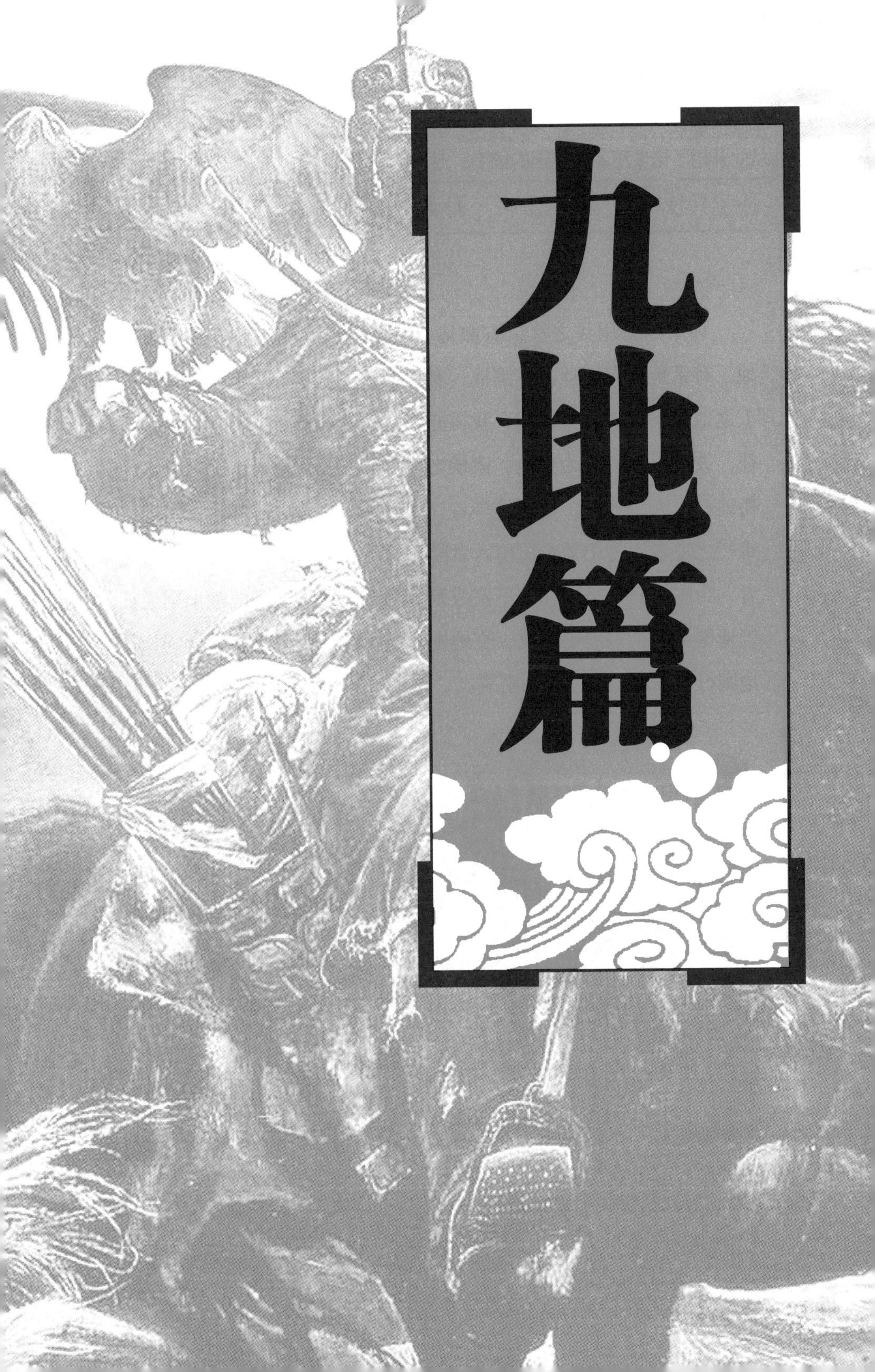

黑斯廷斯之战
法国诺曼底公爵对英国的一次决战。
从此开始了诺曼王朝对英国的统治。
……1066年

【本经】

孙子曰：用兵之法：有散地，有轻地，有争地，有交地，有衢地，有重地，有圮地，有围地，有死地。诸侯自战其地，为散地；入人之地而不深者，为轻地；我得亦利，彼得亦利者，为争地；我可以往，彼可以来者，为交地。诸侯之地三属，先至而得天下之众者，为衢地；入人之地深，背城邑多者，为重地；行山林、险阻、沮泽，凡难行之道者，为圮地；所由入者隘，所从归者迂，彼寡可以击吾之众者，为围地；疾战则存，不疾战则亡者，为死地。是故散地则无战，轻地则无止，争地则无攻，交地则无绝，衢地则合交，重地则掠，圮地则行，围地则谋，死地则战。

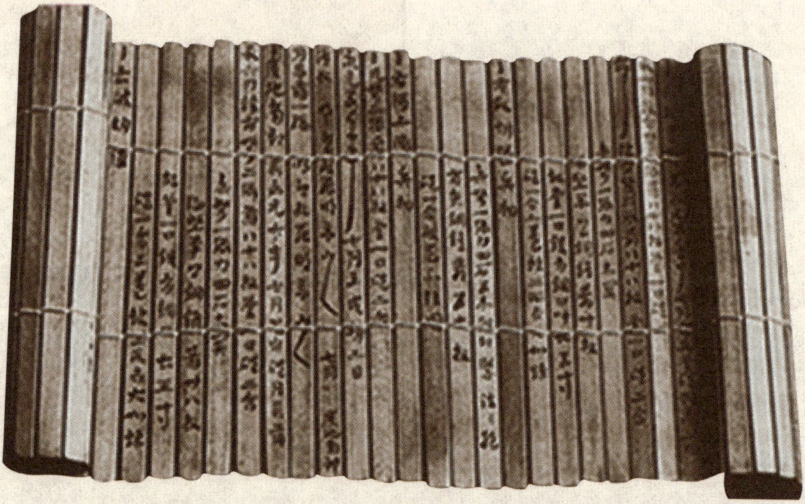

竹简上的《孙子兵法》

【译文】

孙子说：根据用兵的原则，军事地理有：散地、轻地、争地、交地、衢地、重地、圮地、围地、死地。诸侯在本国土地上作战，叫作散地；进入敌国境内不深的，叫作轻地；我方先占领于我有利，敌方先占领于敌有利的地区，叫作争地；我军可以去，敌军也可以来的地区，叫作交地；多国交界，先到就可以获得诸侯列国援助的地区，叫作衢地；深入敌国腹地，背靠敌人众多城邑的地区，叫作重地；山林、险阻、沼泽等难于通行的地区，叫作圮地；行军的入口狭窄，退兵的道路迂远，敌人用少量兵力便可攻击我方众多部队的地区，叫作围地；迅速奋战便可生存，不迅速奋战就会灭亡的地区，叫作死地。因此处于散地就不宜作战，处于轻地就不宜停留，遇上争地，敌若占领就不要勉强进攻它，遇上交地，军队整体不要断绝联络，进入衢地就应该结交诸侯，深入重地就要掠取粮草，碰到圮地就必须迅速通过，陷入围地就要设谋脱险，处于死地就要力战求生。

【评析】

孙子依据用兵原则，将军队作战行进的地区列为九种，分别是散地、轻地、争地、交地、衢地、重地、圮地、围地、死地。他深刻分析了每种战地的利弊，警示将帅们在处于各种地域内时，要权衡利弊，根据各种战地的不同特点，采取适宜的战略行动。

【本经】

所谓古之善用兵者，能使敌人前后不相及，众寡不相恃，贵贱不相救，上下不相收，卒离而不集，兵合而不齐。合于利而动，不合于利而止。

【译文】

通常人们称赞的古代善于用兵的人，能使敌人前后部队不能相互策应，主力和小部队之间无法相互依恃，军官与士卒之间无法相互救援，上下级之间无法相统属，士卒离散而不能集中，合兵布阵也不能整齐一致。对我有利就行动，对我无利就停止行动。

“兵贵神速”的提者、曹操的重要谋士郭嘉

【评析】

孙子指出，精明的将领往往可以灵活调动敌人，使敌前后部队不能相互策应，主力和小部队无法相互依靠，官兵之间不能相互救援，上下级之间失去联络，士兵分散不能集中，合兵布阵也无法协调一致。这样，敌人的整体战斗力就大大削弱，对我军来说就十分有利，此时出击便可大获全胜。他强调军事行动要“合于利而动，不合于利而止”，敌我双方都要以“利”为根本而展开。所谓的“利”，也就是于我有利的态势，指一切对我军制敌有利的因素与便利条件。

【本经】

敢问：敌众整而将来，待之若何？曰：先夺其所爱，则听矣。兵之情主速，乘人之不及，由不虞之道，攻其所不戒也。

【译文】

试问：敌人兵员众多且阵势严整向我发起进攻，我该如何应对它？回答是：先干掉敌人所珍爱所依恃的方面，敌人就会被动屈从了。用兵的情理是以神速为主，乘敌人措手不及的时机，走敌人料想不到的道路，攻击敌人未加戒备的地方。

【评析】

“兵贵神速”是孙子一直强调的作战原则。两军交战要以速决为宗旨，尤其是在长途作战时，攻击速度是至关重要的。用兵的情理在于神速，这不仅要求部队在打仗时要进行速战，更重要的是在敌人未曾想到的地方，没有预料的环节，对敌人最为依恃的方面，以最快的速度将其击垮。这样，在敌人仓促应战的情形下，我军自然稳操胜券。

【本经】

凡为客之道：深入则专，主人不克；掠于饶野，三军足食；谨养而勿劳，并气积力；运兵计谋，为不可测。投之无所往，死且不北；死焉不得，士人尽力。兵士甚陷则不惧，无所往则固，深入则拘，不得已则斗。是故，其兵不修而戒，不求而得，不约而亲，不令而信，禁祥去疑，至死无所之。吾士无余财，非恶货也；无余命，非恶寿也。令发之日，士卒坐者涕沾襟，偃卧者涕交颐。投之无所往者，诸、刿之勇也。

【译文】

大凡进入敌国境内作战的一般规律是：越深入敌国腹地，我军军心就越坚固，敌人就越不易战胜我们；在敌国丰饶地区掠取粮草，部队给养就有了保障；认真养练部队，不使他们疲劳，鼓舞士气，积聚力量；部署兵力，巧设计谋，要使敌方无法判断我方的动向和意图。把士卒置于无路可走的境地，至死也不会败退；死都不怕，士卒自然人人尽力作战。士卒真正深陷危亡之境就无所畏惧，无路可走时反而军心稳固，入敌境纵深之地，士卒自然依附而不敢涣散，在不得已的情况下，必然会拼死战斗。因而，在这种情况下，军队不用整治士卒也会加强戒备，不用征求下情自然上达，不用约束士卒也能亲和互助，

破釜沉舟

不用申令士卒也能遵守法纪，迷信活动自然停止，士兵也不再疑虑，至死也不会逃逸。士卒们不留多余的财物，并不是不爱钱财；士卒不顾生命危险，不是他们不想活命。作战命令发布的时候，坐着的士卒泪湿衣襟，仰卧的士卒泪流满面。一旦把他们置于无路可走的境地，他们便都有专诸、曹刿一般的勇敢了。

【评析】

这段话所要论述的是在深入敌境作战时士卒们的心理意志所带来的巨大作用。的确，当人在被环境逼迫无路可退时，身心就会揉为一体，意志变得异常坚定，人的潜力就会被激发出来。孙子根据实际的作战经验指出士卒们越是陷入危险之地，越是能宁死不屈，越是心智专一，越是亲密团结，整个军队的集体力量也就越是强大。即使是普通的士兵也能做到像"诸（春秋时吴国的勇士，曾用鱼腹剑刺死吴王僚）、刿（春秋时鲁国的武士，曾以匕首挟持齐公订立盟约，收回失地）之勇"。

【本经】

故善用兵者，譬如率然。率然者，常山之蛇也，击其首则尾至，击其尾则首至，击其中则首尾俱至。敢问：兵可使如率然乎？曰：可。夫吴人与越人相恶也，当其同舟而济，遇风，其相救也如左右手。是故方马埋轮，未足恃也；齐勇若一，政之道也；刚柔皆得，地之理也。故善用兵者，携手若使一人，不得已也。

【译文】

善于用兵的人，能使部队自我策应如同率然。率然是常山的一种蛇。击它的头部，它的尾部就弹过来救应；击它的尾部，它的头部则弹过来救应；击它的腰部，它的头尾一齐弹过来救应。试问：军队可以指挥得像率然蛇一样吗？回答是：可以。吴国人与越国人本来是相互仇视的，但当他们同船过渡突遇大风时，他们相互救助起来就如同人的左右手一样。因此，想用缚住马缰、深埋车轮这种显示死战决心的办法来稳定部队，是靠不住的；要使部队能够齐心协力奋勇作战如同一人，关键在于将帅管理教育有方；要使强弱不同的士卒都能发挥其战斗力，关键在于巧妙地利用地形之利。古代善于用兵的人，能使全军上下携手团结如同一人，这是因为客观形势迫使将帅不得不这样。

专诸刺杀吴王僚

【评析】

孙子在这里强调的是指挥在作战中的重要作用。杰出的指挥官在统率三军作战时，使其相互策应，就如同指挥一个人一样，能首尾相顾，相互救援。使三军严整、勇敢如一人，形成整体的作战思想，靠的是治军有方。使勇敢的人和怯弱的人都发挥作用，靠的是巧妙地运用地形。缚马埋轮，不是稳定军阵的办法。指挥军队也是一门学问，将帅只有具备了统军御众的才能，才会使军队灵活得如同一个人，就像“常山之蛇”一样首尾相顾，形成一个有机整体。

韩信将兵，多多益善

【本经】

将军之事，静以幽，正以治。能愚士卒之耳目，使之无知；易其事，革其谋，使人无识；易其居，迂其途，使人不得虑。帅与之期，如登高而去其梯；帅与之深入诸侯之地，而发其机，焚舟破釜，若驱群羊，驱而往，驱而来，莫知所之。聚三军之众，投之于险，此谓将军之事也。

【译文】

统帅军队这种事，要做到考虑谋略沉着冷静而幽深莫测，管理部队公正严明而有条不紊。要能蒙蔽士卒的视听，使他们对于军事行动毫无所知；常改变所行之事，常变更所设之谋，使人无法识破其用意；驻扎常变换地方，行军常迂回绕道，使人无法捉摸真实意图。将帅给部队下达战斗命令，要像登高抽去梯子一样，使士卒有进无退；将帅率领士卒深入诸侯重地，要像扣动弩机发出的箭一样一往直前，焚舟毁桥，砸烂锅灶，以示必死的决心，指挥士卒像驱赶群羊一样，赶过去又赶过来，没有谁明白到底要到哪里去。聚集三军之众，将他们置于险境，迫使他们拼死奋战，这就是统帅军队的要点。

【评析】

这段话讲的是统率军队的各种能力。孙子强调将帅要“静、幽、正、治”，在精神上沉着镇静、处变不惊，在战术上高深莫测、变化多端。其中，孙子重点谈到了“置之死地而后生”的战略。孙子将其形象地比喻为“登高去梯”，也就是在踏入阵地后，要先断绝一切退路，从而激发士卒的士气，使他们能够坚决服从命令，誓与敌人血战到底。

【本经】

九地之变，屈伸之利，人情之理，不可不察。凡为客之道：深则专，浅则散。去国越境而师者，绝地也。四达者，衢地也。入深者，重地也。入浅者，轻地也。背固前隘者，围地也。无所往者，死地也。是故散地，吾将一其志；轻地，吾将使之属；争地，吾将趋其后；交地，吾将谨其守；衢地，吾将固其结；重地，吾将继其食；圮地，吾将进其途；围地，吾将塞其阙；死地，吾将示之以不活。故兵之情：围则御，不得已则斗，过则从。

项羽 在巨鹿之战中，项羽破釜沉舟以激励士气，使士卒置之死地而后生，战胜了秦军。

【译文】

在九种地形条件下灵活运用策略，关乎攻守进退的利害得失，关乎士卒在不同环境中的心理变化规律，这些都是作为将帅不能不认真研究和周密考察的。进入敌国作战的一般规律是：深入敌境则军心稳固，浅入敌境则军心容易涣散。离开本土穿越边境去敌国作战的地方，称为绝地。四通八达的战地，为衢地。进入敌境纵深的地方，叫重地。进入敌境不远的地方，叫轻地。背有险阻前有隘路的地方，叫围地。无路可走的地方，叫死地。因此在散地，我军应很好地统一士卒意志；在轻地，我军要注意使部队保持连续；遇争地，我军应紧紧地从后驱赶部队快速前进；在交地，我军要谨慎地加强防守；在衢地，我军应巩固与加强同诸侯国的联系；在重地，我军要注意保证军需粮饷的充分供应；在圮地，我军必须迅速通过；在围地，我军就该堵住可逃生的缺口；在死地，我军该表示必死的决心。所以士兵的心理变化规律是：陷入包围就会合力抵御，形势逼

南朝梁开国皇帝梁武帝萧衍

迫就会殊死奋战，身处绝境就会听从指挥。

【评析】

这段话如前所承，是对九种地形的补充说明。他指出身处不同地形所带给人的心理感觉是不一样的，要根据各种不同的地形条件，综合人的心理因素，灵活机动地采取不同作战方案。

梁武帝大通元年（527年），陈庆之与领军将军曹仲宗联合进攻北魏涡阳（今安徽蒙城）。两军自春至冬，交战上百次，将士劳苦不堪。这时，传来魏军在梁军阵地后兴筑营垒的消息，梁军军心有些动摇。曹仲宗等恐腹背受敌，欲撤军。陈庆之闻后，立节仗于军门，慷慨陈词："共来至此，涉历一岁，靡费粮仗，其数极多。诸军并无斗心，皆谋退缩，岂是欲立功名，直聚为抄暴耳。吾闻置兵死地，乃可求生，须虏大合，然后与战。审欲班师，庆之别有密敕，今日犯者，便依明诏。"他认为现在梁军消耗极大，丧失斗志，应先将士兵置之死地，再与敌交战，必能取胜。曹仲宗听从了他的意见，随即领兵夜出，偷袭魏军，破其四垒，俘斩甚多，梁军乘胜强攻，又破九垒，魏军全军覆没。涡阳之役中，陈庆之深深地体会到了"围则御，不得已则斗，过则从"的要领。

【本经】

是故不知诸侯之谋者，不能预交；不知山林、险阻、沮泽之形者，不能行军；不用乡导者，不能得地利。四五者不知一，非霸王之兵也。

【译文】

所以不清楚诸侯国企图的人，就不能与其结交；不熟悉山林、险阻、沼泽等地形及其运用原则的人，就不能行军作战；不使用向导的人，就得不到地形之利。这九种地形如有一样不了解，都不能成为霸主的军队。

【评析】

孙子在这里强调了"伐交"的重要性。"不知诸侯之谋者，不能预交"。将帅一定要精通外交，熟悉各诸侯国，在外交上为自己争取有利条件，以达到"不战而屈人之兵"的军事目的。

楚汉之争时，项羽兵力最多时达40万，而刘邦兵力只有10余万，在兵力上项羽占有绝对优势。项羽却因不懂利用外交权术，最终兵败于垓下。而刘邦则善于笼络人心，分别给韩信、彭越等割地封王，结成了刘邦、韩信、彭越、英布、刘贾等联合攻楚的统一战线，将楚军包围于垓下，最后迫使项羽自尽而死。可惜的是，刚愎自用

《汉殿论功图》 明刘俊画。画面描绘了汉高祖刘邦初立，功臣在殿上争功邀赏，致拔剑砍殿柱的场面。叔孙通乃说高祖召鲁地诸生定朝仪，高祖大喜，以为如此始知皇帝之尊。

的楚霸王直至临死时，也不知自己为何败给刘邦，带着“今诸君知天亡我，非战之罪也”的遗憾自刎于乌江。

【本经】

夫霸主之兵，伐大国，则其众不得聚；威加于敌，则其交不得合。是故不争天下之交，不养天下之权，信己之私，威加于敌，故其城可拔，其国可隳。

【译文】

所谓霸主的军队，攻伐大国，迅猛得使敌国无法及时调动民众与集结军队；兵威指向敌人，那么敌人的外交就无法成功。因而不必争着与任何诸侯国结交，也用不着在各诸侯国里培植自己的势力，只要多多施恩于自己的民众、士卒，把兵威施加于敌国头上，就可以占领敌人的城邑，摧毁敌人的国都。

【评析】

这里的“霸王之兵”其实指的是通过外交威胁和军事手段来战胜一切敌人的军队。可以通过与他国联盟，拉拢中立国，孤立敌国的方式来对其施加压力，令其臣服。同时孙子又指出，真正的“霸王之兵”并不依靠借助他国的势力来赢取战争，而是通过施恩于自己国家的民众，培养自己国家的优秀军队，以强大的军事实力来威逼敌国，令其畏惧而做出退让。能够达到这样的实力，才能称为无敌的常胜之师。这样的军队，这样的国家，才能拔敌之城池，毁敌之国都，才能做到“不战而屈人之兵”，这也是孙子所崇尚的“善之善者”的理想用兵境界。

【本经】

施无法之赏，悬无政之令，犯三军之众，若使一人。犯之以事，勿告以言；犯之以利，勿告以害。投之亡地然后存，陷之死地然后生。夫众陷于害，然后能为胜败。

【译文】

施行超越惯例的奖赏，颁布不拘常规的号令，指挥三军官兵，就如同使用一个人一样。向部下授以军事任务，但不说明其中的意图；告诉士卒有利的条件，但不告诉士卒危险的一面。把士卒投入危亡境地，士卒才会拼死奋战以获得生存，士卒陷于死地，必然舍命奋战以求生。使军队深陷绝境，这样士卒才能积极作战，我军才会夺取胜利。

【评析】

孙子认为，治理军队在特定的时候，要实行破格的奖赏，颁发非常的政令。这样做的作用是使在特殊的地形里作战可以灵活的调动庞大的军队，协调各部，使其意志统一。让部下执行军令时，只安排任务不说明意图，只告知有利方面，不告知危险后果，这是从整个军事行动、军队整体利益方面考虑的。因为某些军事任务是至关重要的，关系着全局利益，而重要的任务往往就伴随着风险，这种危险是难于意料的。当部下不知其意图，不知其风险时，往往不知道可能会带来哪些后果，在这种情况下，即使他深陷绝境，也会全力以赴。但若让其知道危险的后果后，首先在主观上就会产生畏惧的心理，甚至裹足不前，无法完成任务，影响到作战进程。将人的这种普遍心理，推广到军队也是一样，当整支军队在毫不知情时已经踏入危险的境地，那么所有的兵士必然会舍命奋战以求生存。

【本经】

故为兵之事，在于顺详敌之意，并敌一向，千里杀将，此谓巧能成事者也。

【译文】

领兵作战这种事，就在于假装顺着敌人的意图，我方则集中精锐兵力指向敌人一处，哪怕奔袭千里也可斩杀敌将，这可称为机智完成作战任务的将领。

【评析】

这里阐述了作战的关键，在于谨慎地观察敌人的战略意图，然后佯装顺敌，集中兵力攻击敌人的要害，也就是应巧用奇兵以实现克敌制胜的目的。

【本经】

是故政举之日，夷关折符，无通其使，厉于廊庙之上，以诛其事，敌人开阖，必亟入之，先其所爱，微与之期，践墨随敌，以决战事。是故始如处女，敌人开户；后如脱兔，敌不及拒。

明修栈道，暗度陈仓

【译文】

所以在已决定对敌作战、举兵出征的时候，就要封锁关口，废除通行凭证，不允许敌国的使者往来，君臣在庙堂上再三谋划，做出战略决策，敌人一旦出现可乘之隙，就要迅速乘机而入，首先夺取敌人最倚重的战略要地，不要轻易与敌约期决战，执行作战计划一定要灵活机动，随敌情的变化来决定自己的作战计划和行动。因而战争开始阶段要像未嫁的女子那样沉静柔弱，诱使敌人放松戒备；战斗展开之后，则要像脱逃的野兔一样行动迅速，使敌人措手不及，无从抵抗。

【评析】

这里所要说明的是，两国如果已经决定开战，就要施行一系列的措施，以防敌国的奸细混入我国内部，刺探军情。原定的计划也不能一成不变地用来指导战争，一切要以变化的敌情来灵活处置。一旦敌人露出可乘之机，就要迅速攻破，夺取、占领敌人的要塞。孙子指出将帅带兵，要善于伪装，“始如处女”，“后如脱兔”。

火攻篇

【本经】

孙子曰：凡火攻有五：一曰火人，二曰火积，三曰火辎，四曰火库，五曰火队。行火必有因，烟火必素具。发火有时，起火有日。时者，天之燥也；日者，月在箕、壁、翼、轸也，凡此四宿者，风起之日也。

【译文】

孙子说：火攻的方式有五种：一是火烧敌军营栅人马，二是火烧敌军粮草，三是火烧敌军辎重，四是火烧敌军仓库，五是火烧敌军的粮道与运输设施。实施火攻需具备一定的条件，点火器材必须随时准备好。发动火攻要依据一定的天时，点火要有恰当的日子。所谓天时，指天气干燥的时期；所谓恰当的日子，就是月亮运行到箕、壁、翼、轸四星所在位置的日子，大凡月亮运行到这四个星宿的日子，都是起风的日子。

火烧赤壁

【评析】

孙子给我们列举了火攻的五种类型，指出了运用火攻也要具备一定的条件，等待一定的时机。因为只有在恰当的条件下，火攻才能给对方以致命的打击，如果条件不具备就不能用火攻，否则就暴露了作战动机，令敌有所防范，火攻便失去了意义。

运用火攻战术首先要有干燥的气候条件，最好还要刮着顺风。除此之外，行动者还得抓住有利的战机，有时候这种战机是稍纵即逝的，一旦错过了便没有了。

【本经】

凡火攻，必因五火之变而应之。火发于内，则早应之于外。火发兵静者，待而勿攻；极其火力，可从而从之，不可从而止。火可发于外，无待于内，以时发之。火发上风，无攻下风。昼风久，夜风止。凡军必知有五火之变，以数守之。

故以火佐攻者明，以水佐攻者强。水可以绝，不可以夺。

【译文】

凡用火攻，必须根据五种火攻所引起的不同变化而灵活部署兵力策应。在敌营内部放火，就要及时派兵从外面策应。火已烧起而敌军依然保持镇静，就应等待，不可立即发起进攻；待火势旺盛后，再根据情况做出决定，可以进攻就进攻，不可进攻就停止。火也可从外部施放，这时就不必等待内应，只

火牛

要适时放火就行。在上风口放火，不可在下风口进攻。白天风刮久了，夜晚就容易停止。大凡领兵作战的将领一定要熟悉这五种火攻所引起的情况变化，并根据火攻应遵循的自然规律紧紧把握住火攻的时机。

用火来辅助军队进攻的效果显著，用水来辅助军队进攻的势头强劲，水可以阻隔敌人，但不如火攻那样可以直接剥夺敌军的物资。

【评析】

孙子在这里指出，实施火攻要根据五种火攻所引起的情况变化采取相应的措施。应重视敌人的表现情况，根据外在表现决定是进攻还是停止。要随机应变、灵活机动，切不可一见火起，便迅猛出击，这样一方面动机过于明显，另一方面容易中敌圈套。

【本经】

夫战胜攻取，而不修其功者，凶，命曰“费留 ”。故曰：明主虑之，良将修之，非利不动，非得不用，非危不战。

【译文】

打了胜仗、攻取了土地城邑以后，却不能巩固战果，这是很危险的，这种情况就叫作“费留”（白费力气）。因此说：英明的君主要慎重地考虑这个问题，贤良的将帅要严肃地对待这个问题，不是于国有利就不采取军事行动，没有必胜的把握就不要用兵，不到危急关头就不要开战。

【评析】

孙子在这里提出了战争胜利了，还要及时地巩固胜利的成果，如果不能巩固所得的战果，则有可能转胜为败。他还强调，战争是严肃的，不宜轻启战端。“非利不动，非得不用，非危不战”这是用兵的三条原则，这里又突显了孙子的“慎战”思想。如果一定要进行战争，则要从国家利益出发，于国有利就战，没有利益可图就不宜开战。

吴国名将伍子胥

【本经】

主不可以怒而兴师，将不可以愠而致战；合于利而动，不合于利而止。怒可以复喜，愠可以复悦，亡国不可以复存，死者不可以复生。故明君慎之，良将警之，此安国全军之道也。

【译文】

国君不可因一时愤怒而发动战争，将帅也不能因一时的气愤而出阵求战；符合国家长远利益才用兵，不符合国家利益就停止。愤怒之后还可以重新变为欢喜，气愤之后也可以转为高兴，但灭亡的国家不可再存在，死去的人也不可能活过来。所以明智的君主应慎重地对待这个问题，优秀的将帅应该警惕这个问题，这是安定国家、保全军队的根本原则。

【评析】

孙子在这里给我们的启示是，战争不是儿戏，逞一时之怒，发一时之威，解决不了战争的根本矛盾。一切要以国家的长远利益为重，由于国君之“怒”、将帅之“愠”而引发的战争，都是荒唐的战争，都是置国家利益于不顾、视百姓生命为儿戏的鲁莽行为。所以，战争不能感情用事，任何感情冲动下做出的决策，都不可能战胜对方，相反还会给自身带来难以弥补的损失。

孙武在初任吴国将领之际，看到吴王因想称霸而急于起兵，大夫伍子胥想报父兄之仇而急于伐楚，沉痛地说：“战争若感情用事则无法取胜，然战争终极之目的乃在求胜，故急于无胜之战，犹如负干草入火一般自取灭亡。目前对战争之准备未尽周全，敌情也无法掌握，若只因私欲而战，岂可得胜？昔人有言‘逐鹿者，迷于山’，若现在兴兵，岂不犯下极愚蠢的错误吗？”这一番话惊醒了吴王阖闾和伍子胥，使吴国暂时不再出兵。

用间篇

【本经】

孙子曰：凡兴师十万，出征千里，百姓之费，公家之奉，日费千金；内外骚动，怠于道路，不得操事者七十万家。相守数年，以争一日之胜，而爱爵禄百金，不知敌之情者，不仁之至也，非人之将也，非主之佐也，非胜之主也。故明君贤将，所以动而胜人，成功出于众者，先知也。先知者，不可取于鬼神，不可象于事，不可验于度，必取于人，知敌之情者也。

【译文】

孙子说：大凡发动十万人的军队，出征千里之外，百姓的花费，国家的开支，每天都要耗费千金；前后方动乱不安，戎卒疲惫地在路上奔波，不能安心从事耕作的人家达七十万家。相持数年来，争夺一朝的胜利，却因吝啬爵禄金银，不愿使用间谍，以致不知敌方情实的人，是不懂仁爱到了极点，这种人不配作为军队的统帅，不配作为君主的辅臣，也不是胜利的主人。所以英明的君主、贤能的将帅，之所以动辄就能战胜敌人，成功高于一般的人，就在于他们事先了解敌情。要事先了解敌情，不可求神问鬼，也不可用相似的现象做类比推测，也不能用日月星辰运行的位置去验证，一定要取之于人，从那些熟悉敌情的人的口中去获取。

被周瑜用离间计杀掉的蔡瑁

【评析】

孙子在这里强调了间谍术在战争中的重要作用。展开战争一定要不惜重金安置间谍来刺探敌情，掌握虚实，以便于我军筹谋作战，部署兵力。精明的将帅通过间谍术事先就掌握了敌情，往往能成为战争的主宰者。

用兵首先要以战前的军事情报为基础。开战之前，首先要对敌军将帅的背景进行细致的调查，他指挥方面的优点、缺点，以及性格的弱点等。其次，还要分析敌人的兵力，整支军队的实战经验等。再次，要熟悉作战的地形，分析地形中于我有利的因素，并加以发挥。最后，对敌人的粮草供应、后勤装备等进行侦察。在分析了这些实情后，再出动军队，就能做到胸有成竹，从容不迫，赢取战争的概率也会大大提高。若事先没有经过周密调查，就轻率出兵，没有进行分析谋划就贸然作战，那么必定会被敌人打败。实战经验告诉我们：正确的决策来源于正确的情况判断，正确的决策是取胜的基础。

【本经】

故用间有五：有因间，有内间，有反间，有死间，有生间。五间俱起，莫知其道，是谓神纪，人君之宝也。因间者，因其乡人而用之；内间者，因其官人而用之；反间者，因其敌间而用之；死间者，为诳事于外，令吾闻知之而传于敌间也；生间者，反报也。故三军之事，莫亲于间，赏莫厚于间，事莫密于间。

离间计的受害者姜维

【译文】

间谍的运用有五种，即因间、内间、反间、死间、生间。五种间谍一齐使用，使敌人无从捉摸我用间的规律，这是使用间谍神秘莫测的方法，也正是国君克敌制胜的法宝。所谓因间，是指利用敌国居民中的普通人做间谍；所谓内间，就是利用敌国朝内官员做间谍；所谓反间，就是利用敌方派来的间谍，使之反过来为我方效力；所谓死间，是指制造散布假情报，通过我方间谍将假情报传给敌间，诱使敌人上当的间谍（一旦真情败露，我间难免一死）；所谓生间，就是侦察后能活着回来报告敌情的间谍。所以，对于统领三军、用兵打仗的国君和主将来说，军中的亲信没有比间谍更亲密的了，军中的奖赏没有比对间谍的奖赏更丰厚的了，军中的机密事务没有比间谍更为秘密的事情了。

被秦国用离间计杀死的赵国武安君李牧

【评析】

这段话讲述的是间谍的种类

以及使用间谍的方法。孙武十分重视间谍的作用，认为它是作战取胜的关键，军队必须依靠间谍提供的情报才能采取行动。孙武把间谍分为五种：因间、内间、反间、死间、生间。这五种间谍，前三种是利用敌方人员，后两种是我方潜入敌人内部的。这五种间谍都使用起来，情报的来源就十分广泛，打起仗来使敌人茫茫然不知怎样应付，确实是神妙莫测。

【本经】

非圣智不能用间，非仁义不能使间，非微妙不能得间之实。微哉微哉，无所不用间也！

【译文】

不是英明睿智的人不能任用间谍，没有仁义德行的人不能驱使间谍，没有精微神妙的分析判断能力的人不能辨别间谍的真假。微妙啊微妙，无处不用间谍！

【评析】

孙子在这里论述了使用间谍的国君或将帅应具备的素质。孙武认为，使用间谍的将帅必须有“圣智”、赋“仁义”、极“微妙”，这样才能辨别情报

信陵君

的真伪，避免中敌人的反间计。同时强调，间谍工作是一项非常严肃而机密的事情，必须慎重对待，容不得一丝疏忽。

战国时期，有一次，魏公子信陵君正在与魏王下棋，突然北方边境传来警报，说赵国发兵进犯，正准备进入魏国边境。魏王马上放下棋子，准备召集大臣商议对策。信陵君劝阻魏王说，这不过是赵王在打猎而已，并不是进犯边境，又接着和魏王下棋。此时的魏王惊恐不安，无心再下。不久，从北方又传来消息，证实了信陵君的话。魏王大感惊诧，问信陵君是怎么知道的。他答道："我的门客探听的。"原来，信陵君收养了很多门客，从事各种间谍工作，门客当中有能深入探听赵王秘密的能人，可以随时向他报告赵王的行动。另外，信陵君还广泛收买诸侯各国的间谍，因此对各国事务都了如指掌，堪称用间能人。

信陵君窃符救赵

【本经】

间事未发而先闻者，间与所告者皆死。凡军之所欲击，城之所欲攻，人之所欲杀，必先知其守将、左右、谒者、门者、舍人之姓名，令吾间必索知之。

屈原塑像

【译文】

如果间谍的工作还未开展，就已泄露出去的，那么间谍和了解内情的人都应该被处死。凡是要攻打某支军队，要攻占某座城池，要刺杀某个重要人员，都须预先了解其统军将领、左右亲信、负责传达的官员、守门官吏和看守官署的人的姓名，命令我方间谍一定要将这些情况侦察清楚。

【评析】

这一段阐述的是使用间谍的具体方法。文中指出在采取攻击或夺取城邑抑或进行刺杀行动前，必须要对敌方的主要将领及其亲信，还有与之有直接联系的所有人物细致勘察，获得详细情报。

【本经】

必索敌人之间来间我者，因而利之，导而舍之，故反间可得而用也。因是而知之，故乡间、内间可得而使也。因是而知之，故死间为诳事，可使告敌。因是而知之，故生间可使如期。五间之事，主必知之，知之必在于反间，故反间不可不厚也。

【译文】

一定要搜查出敌方派来侦察我方军情的间谍，从而用重金收买他，引诱开导他为我所用，然后再放他回去，这样反间就可以为我所用了。从反间处了解了情况，就能根据情报从敌方找到恰当人选，乡间、内间就可

郑武公联姻藏祸心

得到使用了。通过反间了解了情况，死间就可去散布假情报，并可让他告诉敌人假消息。通过反间了解了情况，避开了危险，生间就可如期回报。五种间谍的使用，国君都必须了解掌握。了解情况的关键在于使用反间，所以对反间不可不给予优厚的待遇。

【评析】

在论述了间谍的作用、种类和使用方法后，孙子特别强调了要重视反间，因为从反间得来的情报最重要，它还能带动其他各间的利用与发挥。因此，反间的待遇应该特别优厚。

在古代历史上，利用反间计取得胜利的战争举不胜举。前边所列的齐国田单，在几乎亡国的情况下，采取挑拨离间的手法，使燕王中计，令骑劫代替乐毅为统帅，从而使他的"火牛阵"计谋得以实现，转败为胜。秦赵之间的长平之战中，赵王中了范雎的离间计，

铜板浮雕《田单火牛阵复国图》

明朝抗清名将袁崇焕

太公钓鱼，愿者上钩

撤了廉颇的职代之以无能的赵括，从而使四十万赵军惨遭白起的坑杀。明崇祯皇帝因中了皇太极的反间计，斩了镇守辽东的大将袁崇焕，从而自毁长城，加速了明朝的灭亡。像这样的战例不胜枚举，因此孙子说国君应充分运用五种间谍，而运用的关键在于反间，对反间必须特别重视。

【本经】

昔殷之兴也，伊挚在夏；周之兴也，吕牙在殷。故惟明君贤将，能以上智为间者，必成大功。此兵之要，三军之所恃而动也。

【译文】

从前殷商的兴起，在于重用了在夏朝为臣的伊挚；周朝的兴起，是由于周武王重用了了解商朝情况的姜子牙。所以明智的国君和贤能的将帅，能用智慧高超的人充当间谍，就一定能建立大功。这是用兵的关键，三军都要依靠间谍提供的敌情来部署军事行动。

【评析】

孙武在最后以伊尹和姜子牙两人为例，阐述了要想成就大的功业，就要任用有高超智谋的人为间谍。运用这样的人做间谍，为己方提供全面而准确的情报，是“成大功”最有力的条件。这也是孙武自比为商朝开国大臣伊尹和周朝开国大臣姜太公，希望能够辅佐吴王统一天下的表露。

图文资讯
拓展书籍内容，开阔阅读视野。

拓展视频
观看在线视频，激发阅读兴趣。

趣味测评
测评阅读习惯，获取阅读建议。

阅读分享
分享阅读心得，碰撞思维火花。

扫码进入 线上
阅读空间
ONLINE READING SPACE
让知识照耀人生